COLEÇÃO

PRAZERES POÉTICOS

CHIADO
BOOKS

CHIADO
BOOKS

www.chiadobooks.com

Uma Editora para todos!

Rua de Cascais, 57, Alcântara – 1300-260 Lisboa, Portugal

Conjunto Nacional, cj. 205 e 206, Avenida Paulista 2073,
Edifício Horsa 1, CEP 01311-300 São Paulo, Brasil

Obra disponível para venda corporativa e/ou personalizada. Para mais informações contacte:
comercial@chiadobooks.com

Para informações sobre envio de originais contacte: **originais@chiadobooks.com**

E-mail: geral@chiadobooks.com

Título: Tapizar Poesia
Editor: Vitória Scritori
Composição gráfica: VS | **Capa: Isa Afonso**
Revisão: Marilene Alagia

1.ª edição: Setembro, 2020
ISBN: 978-989-52-8139-8 | **Depósito Legal n.º** 469830/20
Impressão e acabamento: Break Media Print

Marilene Alagia

Tapizar Poesia

CHIADO
BOOKS

Portugal | Brasil | Angola | Cabo Verde

DEDICATÓRIA

Dedico esse livro
a todos aqueles que têm a coragem de catarse!

ÍNDICE

INTRODUÇÃO

Vou tentar dizer a correlação... Embora nada é fidedigno, poetas escrevem e falam com a convicção do que sentem. E sentem! Isso quero deixar bem claro. Somos feitos de sentimentos diversos e contradições. Sofremos, choramos e sorrimos e muitas vezes aglomerados, e quem nos olha pergunta... O que dói? A resposta é simples. Nada. É o momento que escrevemos, o personagem nos toma e a vivência é autêntica. A incongruência cria metáforas de sentidos entre esse ser que escreve e sangra em palavras, nunca se sabe a realidade ou a poesia. Poeta vive a catarse. Ouso dizer que "Sofremos de dores infindas, choramos com as próprias dores, e amamos o amor imaginável". "Simplesmente poeta."

AUSENTE LIVRE!

Consequências sucessivas.
Rotineiras costumeiras
Poderia ser... Não foi
Fato claro... Displicente
Porque o ser ausente
Não estava no presente

Pouco hábil... Resultante
De costumes corriqueiros
De vontades frágeis... Trivial
Tão comum... Tudo normal

Aurora do amanhecer
Trás a tona as virtudes
Ao chegar do anoitecer
Artimanhas se destacam
Retornar acontecer.

Frente a frente entre si
Nesse encarar de frente
Abro mão do que não vi
Para não sofrer somente.

És a própria criatura
Envolvente. Aprisiona
Esmaga sorrindo. Enclausura
Como toda travessura.

O ausente libertado
De olhar tão esmerado
Reconheceu a maldade
No corpo do seu amado!

PREDESTINADO!

Predestinado te achas
Questionador do acaso
Nunca saberás o certo
Nesse palavreado falso

Dizer procurar. Para encantar
Mentes brilhantes saber
Perdeu-se pelos caminhos
Deixou de olhar e ver

Liberdade tu és! Para viver e espalhar
Mas nunca terás liberdade
Se não souber respeitar
É quase como tirar o ar do teu respirar

Na mente temos caminhos de engrenagens perfeitas
Às vezes nos mostra verdades e outras ela nos rejeita
Porque o saber da vida se esconde em becos sem saídas
E não está solta ao vento e sim do jeito vivida

Se pergunte! O que fazes? Porque o elaborar?
O sentir-se além dos fatos. Te faz sentir superior?
Mente! Mente tem razões. Que não irei questionar
Apenas aceito os fatos. Vivendo no meu interior.

Ao observar o cotidiano. Erradicando o habitual
Não importarão as palavras. Os atos. Os fatos
São todos iguais. Mudou a forma de olhar
E continua a errar!

CONTRADIÇÕES!

Vivemos em contradição
Porque a razão é uma
E a alma na contramão

Às vezes temos convicções
Arroubos explanações
E a alma rindo baixinho
Se expõe em contradições

Por horas rimos de tudo
Brincamos feito crianças
E as tempestades internas
O seu interior balança.

Temos razões contundentes
Expostas que gritam verdades
Mas ela! Chora baixinho
Pedindo por piedade.

Eis o paralelo da vida
Extremos e contrapartida
A mente é da razão
A alma senhores!
É livre! Vive na contramão!

Às vezes alguma borrasca
Lhe embaralha os sentidos
Mas juro! Que sempre vence
Aquele que for ouvido!

REFLEXO DO TEU FULGOR!

Os equívocos que se tem são pior por pensar muito além
Pensamos saber. Veja bem! Onde erramos
Dei-te atenção. Fiz planos.
Monossílabo... Manifestavas... Onde estavas?

Muito pouco demonstravas. Se querias! Se sentias!
Eu apenas aceitava... Ah! Mas essa docilidade teve fim
Como a maldade já passou perto de mim.
Reconheceu em detalhes que querias simplesmente
Satisfazer teus anseios... Alimentar e seguir em frente

Hoje somos transeuntes dessa imensa rua escura
Onde tua alma vaga. Em busca a tua Lua
Mas esquece que um dia ela brilhou prateada
E que jurou que era tua.

Hoje ela brilha somente. Hoje já nem ela sente
Quer apenas. Ali estar... Se lembrar vai ser quando a nuvem escura
Lhe tapar as amarguras e ninguém a verá chorar
Quando o céu ficar bem limpo com salpicados de estrelas
Ela será fará brilhar e espalhará no ar... Perfume de alfazemas.

O porquê se nos equivocamos... O porquê nos lamentamos
Se a reciprocidade é tão difícil e ser?
Onde devemos aprender a se doar por inteiro... Sem esconder as verdades
Embaixo do travesseiro.

Ao te olhar não perguntes... Que sentimento me toma
Talvez de raiva... Rancor... Ou talvez seja de amor
Guardado apenas pra mim, para ser que nem a Lua
Para brilhar somente e refletir teu fulgor

JANELAS DO TEMPO!

Ao abrir janelas daquele velho armário
Onde guardava lembranças
A velha e grande criança se deparou com verdades
Que a dura realidade jamais escondeu de si

Ali estavam seus sonhos empoeirados no tempo
Jogados aos quatro ventos como se por aqui não passasse.
Que triste ver a verdade a lhe chamar a razão.
Não tem dó do coração para lhe deixar com saudades.

Estamos as duas em conflito. Não posso te questionar
Porque estas a mostrar as facetas dos enganos
Feitos de figuras torpes de representares tão pobre.
Que se julga que engana a velha criança. Sabe que está nos planos.

Meu Deus! Onde foram parar meus sonhos?
Já que estás a me mostrar. Diga-me a aonde irá levar
Essa mania que tenho de acreditar e amar?
Sabia que mandarias. A olhar o velho tempo.

Ao cruzar as tempestades. Olhei o Céu do horizonte
E vi que estavas na fronte com o Sol a reverberar
Como a dizer para mim... Acredita! Irás passar!

E esqueci todas dores.Esqueci verdades serenas
Esqueci que aprendi
Que amor nasce e parte... Feito criança pequena
Que só necessita de amor. Antes de ter vida plena.

Vou deixar aqui guardada feito folha rabiscada,
Outra hora voltarei... Para lembrar como dói
Ver o amor que corroí
Na prateleira jogada!

A ESPERA DO RENASCER!

Ermo! Inóspito!
Inabitado.
É meu interior
Sepultado,
Tapado com a colcha
Fria.
Do que não será amado.

Gélidos dias passados
De pensamentos insólitos
Perpetuando o sagrado
Que nunca terás ao lado.

As cores! Os brilhos dos amanheceres
Já não tem o mesmo fulgor
O olhar que reverberava
Hoje não tem brilho nem dor.

Estranho sentires
Dizeres
Para quem amou loucamente
O gélido torpor que assola
Matou a linda semente?

Não saberá responder
A alma flutua absorta
Naquele jardim passeia
Olhando através da porta!

Não sabe! E não saberás!
Como se livrar do frio
Talvez na próxima estação
As flores, as sementeiras.
Vai renascer coração!

SER AMADO!

Inconsonância
Desarmonia
Discrepância
Balburdia
Do âmago do meu ser

Tento entender
O porquê
Que nesse disparate
Dizias palavras fáceis
Apenas dizer por dizer.

Encorajaste-me a te querer
E mesmo sem saber o por que
Mergulhei num labirinto
Querer só por querer.

Idolatrei! Mergulhei!
Apaixonada jurava
Que o que ali estava
Era meu sonho amado
Com gestos avassaladores
Roubava o meu amor
Sem demonstrar zombaria
Eu apenas queria.

Menino! Que judiaria!
Me destes uma lição
Que a muito já sabia
Que amar o amor inteiro
Não pertence ao jardineiro
Pois ele só sabe semear

O cuidar e ver brotar
É para necessitados
Alimento feito vida
Saciar e ser amado!

A MUITO JÁ FUI EMBORA!

Despedaço sentimentos
Onde a vida se esconde onde guardo
Velhos segredos que vivem a margens minhas
Me deixe quieta aqui. Nesse manusear de vida
A onde escondo mágoas às vezes encontro saídas.

São pedaços esquecidos. Que deixei ao vão do tempo
Onde escondi meus segredos, para prosseguir vivendo,
E nunca disse sequer. Vou voltar sem consentimento
Te peço! Licença agora! Me deixe ir embora
Porque amor que eu tenho. Nesse mundo não mora.

Ninguém não entenderia. Volúpias inesperadas
A onde o dia é noite e a noite o Sol da estrada.
Meu mundo avesso se quer, avisa a própria mudança...
Se eu vou ficar aqui... Ou espalharei esperança.

Me deixe! Nesse flutuar vivenciado... Num mundo meu habitado
Por seres quem desconheço. Vou aprender a amar... Como se fossemos crianças.
Loucura ou não... Vou viver... Juro nesse esquecer... Amar sem querer, não mais.
As portas estão cerradas. Aqui! Já não voltas mais!

O desfiar necessário. Com números do calendário
Passo a passo vai passando. Feito nuvem dissipando
As trevas que vão chegando num assustar lendário
Meu monstro do imaginário que a tempos assustava
Hoje são apenas momentos... Que se dissipam aos toques do campanário!

Ao dissipar-se o sorriso aflora
Pouco importa o que aconteça
A muito já fui embora
Que nada mais me impeça!

EA PROCURA!

Amanheci e procurando
Invadindo teus encantos
Para dividir contigo
Um tanto desse quebranto.

Caminho desconhecido
Que agora vou andar
Quero aprender contigo
Esse novo caminhar.

Embora saiba de cor
A s dores que irei sentir
Porque a tempos atrás
Caminhos íngremes percorri.

Aprendi que sem sofrer
Nada tem real valor
Porque a vida requer
O polimento... Amor!

Quando estiver de retorno
Para meu novo sentido
Quero te olhar de novo
Meu velho desconhecido.

DEIXA SEGUIR!

Deixe eu seguir
Prometo... Voltar
Em tempos de calmaria
Para te amar!

Prometo que vou continuar aqui.
Mesmo que não creias... Estou
Mas a necessidade de mim
Exige que sozinha... Eu vou!

Não é indiferença
É essa andarilha
Que caminha a esmo
Que tem outro sentido
Pela vida repetido
Em busca da sua essência
Do amor... da sua existência
Nesse longo caminhar

É amor feito fagulha
Que caminha pela alma
Corre solto... Agita... Acalma
Sabe e abre seus caminhos
Não precisa perguntar.

Nasce do respeito á vida
Brota livre
Pensamento se ajoelha
Pois sabe te preservar!
Eu sozinha... Continuar!

SEM FRAQUEJAR!

Perdoe a fraqueza
A certeza
A avareza
Na forma de amar

Não permito!
Grito!
Se meu? Será!
Instinto!

Fera espreita
Ataca... Fere
Sangra!
Mata!

É seu!
Vai curar
Não importa
Quando chegará!

Tem nas mãos
O amor e a dor
O olhar fixo
No alvo a dispor.

Sangra sem titubear
Ri sem lagrimas no olhar
Sofre sem fraquejar
A vida a lhe alimentar!

A VIDA ENSINA A CAMINHAR!

Você já pisou de mansinho... Leve... Devagarzinho
Como se fosse cair? Já pisou?
Notou que com esse cuidado... O corpo parece cansado
E pesa mais ao pisar?

Por que de terei que andar como se fosse quebrar?
Por que? Vivo a perguntar.
Talvez seja essa mania de vociferar as fantasias
De dialogar sem pensar. Contar a crua realidade
Sem omitir as verdades que sei que vai machucar.

Cansaço de excesso de cuidados. Não irá mudar... Nem curar
Apenas irá judiar... sangrar aos poucos para que?
O cirúrgico bisturi... Corta! Tira... E costura
Cicatrizar... Vai curar.

Viu? Como tudo se interliga? O pisar... O cansaço... Até a vida
A franqueza que machuca... Pode ser até desculpa para ocultar
Verdades que te vão fazer chorar... Aprenda a analisar
Que há verdades que são ditas francamente outras, que são
Diferentes... Basta você observar!

Ah! Se pudesse demonstrar... Entre gritos e livremente
Palavras pausadamente a diferença se encontra
Apenas no jeito de se falar. Os que gritam sempre mentem
E o que omitem falam tão pausadamente que acredito
Basta olhar lábios cerrados as palavras entre dentes

MÃE NATUREZA!

Nos pés nesse teu chão
Num mar de doces quimeras
Sabedoria que ensina... No inicio ao fim da vida
Demonstra a força e fragilidade... De quem nunca deixou abater.
Ensina-nos a viver... Enfrentar tempestades.. .Não importa a idade.

Senhora altiva e viva... Alimentando a todos
Abriga os impetuosos... Dos bravios mares revoltos
És tu a força que acalma aqueles que têm a alma
No jugo das intempéries. Não fere... Apenas alenta
Abraça quem te acalenta e cuida de quem te conforta!

Abrigo da humanidade, alimento de todos nós
Com seus verdes deslumbrantes, eus oásis verdejantes,
Onde o ar sopra os aromas a florificar a terra
Serás tu a força da amplidão como

Senhora mãe natureza. Ampara teus filhos ingratos
Não deixa no abandono. Aqueles que vivem dos teus atos
Necessitas de cuidados... De afetos... E desvelo
Quero estar sempre em teus braços exercendo esse zelo ser sensato!

ABANDONO!

A inconsonância
Entre a cópia
E o original
É uma discrepância
Que quase chega ser Fatal

A desarmonia é... Total
É a delicadeza dos versos
A dissimetria
Que o som deixa perplexo.

É como sorrir
E chorar

É como partir
Como perder-se
E achar
E ficar!

É a diferença do pensamento
É a discrepância
É a controvérsia
E a contenção
É o prelúdio
E a contradição!

É uma viagem perdida
Em ida e sem retorno
É como dançar sem enlevo
Nesse eterno abandono!

TURBULÊNCIAS!

Ouça o que digo coração
A vida tem situações
Que te colocará em xeque
Apesar das emoções

Sabe... Ao conversar...
Nunca chego ao consenso
Se devo guardar pra mim
Ou se deixo... E nem penso.

O temperamento... Não deixa
Eu engolir fantasias
Na certa admitiria
Para tua tola alegria.

Não posso fugir... Do Eu
Nem ludibriar minha alma
Provocaria revolta
Preciso manter a calma.

Entende minh'alma
Não faça turbulências e lamentos
Aguenta firme os baques
Desses sentimentos sedentos.

DIA NEVOENTO!

Olho... O cinza do entardecer
Parece que esta a dizer
Que breve será inverno
E o fumegar da lareira
Nesse agasalhar tão terno.

Ao longe horizonte cinzento
Com ares de nostalgia
Me faz eu sorrir com alegria
Pois tudo é poesia.

É casa! É aconchego
É o verso deitado ao papel
É um acariciar com as chamas
Na boca o sabor do mel.

É o momento agasalhar
É aromas que brinca no ar
É a poeta em transe
Criando seu versejar.

É o olhar que corre nesse tapizar florido
É a cinza! É o aroma! O momento
É a poesia a combinar com as flores do meu vestido
É a poesia em dia nevoento.

ABSORTA!

Absorto.
Introverso
Disperso
Sem paradeiro... Ou lugar
Não ouso pousar
Nas lembranças
Com medo de te encontrar.

Absorvida. Extasiada.
Perdida. A onde estás?
Talvez eu morra aos poucos
Na busca por encontrar.

Introvertida enlevada...
Em pleno êxtase... No ar
A flutuar no imaginário.
Jurando... Juras de amar.

Esse é o lugar? Esse é o pensar?
É esse mesmo que quero?
Ou eu estou a sonhar?

ETERNA APRENDIZ!

Ah! Como ousas enganar
Quem a vida enganou
Aprendeu que um sorriso
Até o espinho logrou.

Firmeza no tom de voz
Gestos que denotam austeridade
Nem sempre é lealdade
Apenas máscara de falsidade.

Estranho o que despertas
Nostálgica verdade oculta
Sorrindo... Dizendo frases
De tantas belezas profundas.

Fluente no palavrear
Encantador insinuante
Acredita no serpentear
Num flutuar provocante.

Ah! Meu doce encantador
Não sabes talvez da dor
Que aprendi com a vida
Não tente enganar sorrindo
A quem jogou a vida a fora!

DOCE VENENO!

Doce sorvido veneno
Que não devia provar
Deixou suas sementes em mim
Que agora vive a brotar

A alma enraizada no ínterim do infinito
Que ouço lamentos... Gritos
Num sussurrar tão aflito.
Me deixe ficar em ti !

Te quero! Te ouço! Te sinto!
Voraz a sorver-me inteira
Sou sua terra fértil
A aspirar-nos inteiros.

Quem sorveu? Quem bebeu?
Qual de nós dois sucumbiu?
Você por deixar sementes
Ou eu? Será que existiu?

COMPOR CANÇÕES.

Compor Canções?
De amor? Ou dor?
O que preferes?
As que matam? Ou ferem?

Cante! Cante! Sonoramente
Harmoniosamente
Num desvelar da corrente
Riacho quente... Contornando
A montanha do querer
Do prazer... Sem querer.

Cante! Encante
Tragar... Sorver... Libar...
Temulento vai ficar

Nessa louca euforia
Vai viver de amor efêmero
Esconder misantropia
A compor canções e poesias
Nesse eterno representar!
Cante! Cante! Deixe a dor dilacerar
Pois quem sabe sangrando aos poucos
Romperá barreiras do tempo
Viverá entre nós loucos?

ABSURDOS PENSAMENTOS!

Absurdos pensamentos
Reflexos de sentimentos
Absurdamente guardados
No âmago do querer.

Estranho habitante
Que mora no Eu escondido
Que persegue meus instintos
A judiar dos dias meus.

Porque não te vais embora?
Porque não ficas la fora
A procurar caminhos teus?

Teus pensamentos vigiam
Teus pensamentos me guiam
No itinerário traçado
Montado num cavalo alado
Para aportar no absurdo pensar.

POESIA DO MOMENTO!

Languidez do momento
Esvazia sentimentos
Deixa aflorar pensamentos
Que a poesia compõe

E ao recitar versos tristes
No entardecer do momento
Carrega entorpecimento
No doce do versejar.

Morfeu com estrelas brilhando
Adornando sonhos ocultos
Sombras do estrelar
Deixando amostra teu vulto.

Poesia nasce lene
Como aurora ao nascer
Vem em cores luminosas
Vem formosa! Vem me ver!

BAGÉ RS

LÁBIOS DO PARAÍSO!

Amontoado de palavras... Tão perfeitas... Coordenadas
Simplesmente letras juntas a formar meras palavras
Evasivas... Dizem nada!
Me perdi no encantamento... Mas foi só por uns momentos
Hoje sofro desenganos... E tantos arrependimentos

Intenso momento... Mergulhei completamente
Sorvi falácias perfeitas... Entreguei sem perguntar
Onde? Como? Eu queria! Eu devia...Te amar
Hoje estou enlameado... Subjugada ao teu olhar

Como é fácil se perder... Em frases elaboradas
Aprisionam tantas almas. De carências... Enamorada
Que se entregam sem reservas... No espaço desperdiçada
Como é triste naufragar num mar de frases forjadas.

Gosto de catar palavras... Principalmente improviso
Gosto de ouvir o riso... Da surpresa momentânea
Não desperdiça o tempo. Denota apenas sorriso
É o ápice do momento! É o gozo sem fingimento
Nós lábios do paraíso.

FIM DO ACASO!

O acaso nos surpreende às vezes nos arrebata
Rouba a razão momentânea e se alastra na alma
Viaja pelos sentidos deixando um rastro de amor
E ao seguir deixa marcas... Sangrando de tanta dor

A rapidez que absorve a sorver gota por gota
Sacia os seus desejos. Formas de possuir
Como a dizer vem comigo. Som musical de uma nota
Danço aos seus desmandos. Muralhas a se despir.

Repentinos momentos. Intensas durações
A embalar corações sem perguntar quanto tempo
Seremos por breves momentos. Frenesi de entregas
Tu serás o meu senhor... A alimentar sua serva

Como começo e o fim. Outro acaso surgirá
O próximo será para matar. O germinar desse amor
Porque o acaso dos casos. Não nascem para perdurar
Apenas surgem do nada... E para o nada voltar!

ACERTOS!

É os desencontros é a vida
É as chegadas é as partidas
É sem ter ida ou vinda
Apenas caminha... E só.

É o pó! É o nó!
É o solo quente... Queima
É andar... Andar... E teima!
De nessa estrada... Ficar
Onde é que vai parar?

São os conluios e os acertos
São os termos que nos prende
E depois se arrepende
E tem que se aceitar.

É os contrastes.. .É complexo
É os anexos... Que vem junto
Paradoxos que me mostram
Que o medo trás a inércia
Ou então fazer apostas.
Só para ver onde irá chegar.

APENAS CORAÇÃO!

Se Todos! Eu digo todos!
Parassem só um pouquinho
Olhassem a sua volta
E vissem o que é sofrer sozinho.

Talvez! Sim! Digo talvez!
Não sou dona da verdade.
Tivesse olhos mais brandos
Para pobre... Humanidade.

Se todos... de vez em quando
Fizessem uma viagem
Para dentro de si mesma
Não haveria tanta dor
Compreenderia o porquê
O valor que tem a força
Desse nosso bem querer.

Se o tempo estagnasse
O que estaria acontecendo?
Frustrações. Gente morrendo
Alma se corroendo
E você que não tem tempo
Vai seguir sempre correndo?

Por favor! Pare! Se olhe!
Ame a vida! Ame o mundo!
Universo, Luz e Amor!
Seja a mão que ilumina
Seja apenas coração!

FRIO!

Ah! Amanheceu e o frio
Que lá fora arrepia
Aquece a alma... Judia
Querendo sacrificar.

E o doce do teu olhar
Que busco aconchego e paz
Crepita nas veias velhas
A força que tu me trás.

As chamas que queima solta
No calor que tu emanas
Combina com estalido
Que salta solto no fogo.

E o frio que chega
Junto ao vento
Grita! La fora e chama. Te aprochega
Ao relento.

Sorriso desafiando...
Sabendo que não sairá
Deixo a gritar sozinho
Não quero me congelar!

MAIS UMA!

Acho pouco
O que me resta
Nada presta!

Aparências
Tudo falso
Mundo cão!

Hoje não!
Hoje falo
Não me calo

Sinto tanto
A repulsa
Indignação
Sou mais uma
Coração!

TALVEZ SEJA O MOMENTO.

Reverto e retorno
Aos tempos
Que marcaram
Demais.

Esculpiu as linhas
Redesenhou a figura
Arrastou os seus sonhos
Calou... Para apenas ouvir-se

Conversou... Conversou...
Inverteu o seu reverso
Pôs os pés... Os dois no teto
Fez a alma. Se mudar

Alojou seus pensamentos
Num espaço... Longe no tempo
Para um dia encontrar.

Talvez seja!
A hora agora
Talvez seja o momento
Te trazer de volta a vida
Os sonhos e os pensamentos!

BRINDE DE VIDA!

No decorrer do momento
Avisa que o tempo urge
Nas asas do pensamento
Levando junto consigo
Lembranças jogadas no vento.

Quisera guardar comigo
Queria ter como abrigo
O tudo que aqui passei
Mas como ficar amarrada
Se as mágoas que me feriram
Ficou comigo e chorei?

Será que a força de escolhas
Mal feitas até medonhas
Vai conseguir me vencer?
Duvido... Apesar do tempo
Porque... Amor e esperança
Jamais abandonam os sonhos
Da velha e boa bonança.

Sempre virá nova vida!
Sempre renascerá
Feito Sol que nasce todo dia
A vida me brindará!

CRIANÇA UNIVERSAL!

És Livre... Feito a natureza
Que trás no olhar a certeza
Da inocência dos dias
No universo habitas
Crianças à revelia

Ao te magoar eu machuco
As minhas próprias entranhas
Foste gerado com amor
Hoje... Sou uma estranha
Que te fere e rejeita
Não ouve os teus lamentos
No teu olhar que espreita.

O que será do Universo?
Ferindo a inocência?
Não terá a competência
De joelhos pedir perdão
Ninguém te dará clemência
Nem mesmo um pedaço de pão.

Reflete enquanto a tempo
Estende as tuas mãos
Abraça os inocentes
Leve alivio ao coração
E tu receberás o conforto
Do sorriso da emoção!

QUEM É!

Quem és tu? Que no cotidiano da vida
Prega e conta histórias e abre velhas feridas
Mentindo que é para curar?
Quem és tu? Que ousas falar?
Parece que esqueceu... Que esse senhor
Chamado tempo, deu aprendizado lento,
Para reconhecer a verdade, se faz necessário,
Olhar.

Quem és tu?

Que és tu... Que em noites chora e lamenta
Ensina... Mas não enfrenta... Se esconde a lamentar
Quem és tu?
Já te olhaste francamente? Notaste as marcas do tempo?
Cultivas às escondidas, aquele amor do passado
Que ainda mora em teu peito... Corroendo tas entranhas
E faz vociferar ao tempo... Que amor tudo é passageiro
Sem contar menos o teu... Que vive a ecoar
Sou o único e o primeiro.
Quem és tu para ensinar?

O QUE LEIO!

Leio e releio histórias de escritores comuns
Poetas do cotidiano. Amigos de qualquer um
Não sei de fato seus nomes. Sei que leio suas vidas
Pelo passar do tempo e o sangrar das feridas

Gente que escreve poemas no tik tak das horas
No segundeiro. Cruzando... Criando suas memórias
Contando fatos de atos de amores aqui e agora
Criações tão verdadeiras umas até com vitórias.

Isso é o que leio! A realidade dos dias
Eu cruzando pelo tempo, lendo fatos verdadeiros,
Não criados pela mente... Fantasias devaneios
Poesia viva... Solta... limites ou roteiro.
Isso eu leio.
Corriqueiro trivial. Isso sou eu afinal
A caminhar entre a gente. Olhando tão francamente
Vendo e sentindo vivências... A esconder as carências
Nas paginas de livros escritos.
Porque se faz mais bonito... Ler o que já foi descrito
Embora deixe amostra o que escreves de ti
No tik tak das horas me perco lendo o que vi!

MEU ABRIGO!

Perco-me nesse passar lentamente
A onde se vive às pressas
Num vai e vem permanente
E deixa de ser feliz
Pelo momento presente

Ninguém vê e ninguém sabe
O que acontece afinal
Correndo... Para não perder nada
E a perda... Já é fatal.

Lamento... Pelo que vejo
Lamento. .. O lamentar
Porque não ouso dizer
Ninguém irá acreditar
Que a vida sem ser sorvida
Você não irá amar!

Regozijo a abundância
Que no peito vive e mora
Lamento o que tudo passe
Na pressa de lá de fora
Alimento da minh'alma
É o meu abrigo agora

CAOS DA MENTE!

Os Obscuros da mente
Que os vícios trazem à tona
Refletem doenças da alma
Lutando dentro do caos
Para ver se dociliza

No delírio contundente
No frenesi do escrever
Deixa latentes as angústias
Do torpe do padecer
Que nada é permanente
Nesse teu louco viver.

Quisera... Apaziguar... Quisera suavizar
A existência do ser.
O vício te corrói as vísceras
Os teus fantasmas te agridem
E pensas que ninguém vê
A podridão onde vives

Ah! Quem me dera que ouvisses
O som que sibila lá fora
No gorjeio do passarinho
O frescor do amanhecer
Nas nuances coloridas
Como é gostoso viver.

Quem te magoou tanto assim?
Que te cegou desse jeito?
Que te sufocou dentro ao peito
As dores e os sentimentos
Que vociferam o caos
No vício do sofrimento?

TUA SINA!

O bálsamo que embala a alma
Na calmaria que vivo
Vejo reflexos e cores
Nesse meu eterno abrigo
Agradecer é a ordem
Aqui não corro perigo.

Talvez seja uma fuga do ser
Talvez seja o medo viver
Talvez seja a dúvida que embala
A alma para escrever.

Assim... Os dias decorrem
Numa vivência disforme
Porque às vezes o Sol
Brilha quando se adormece
E amanhecer escurece
Nos dias a noite aparece

Desencontro total
Nada é perfeito... Tudo tão desigual
O turbilhão alucina
A vida te chama menina
Assim escreves tua sina.

INDEFINIDO!

Brincando com os descaminhos
Como quem fala sozinho
Pois busca companhia do Eu
Divinos caminhos meus
Que me ensinou a ser só
E o construir do pó
Amigos para sorrir

As telas..Palavras.. O escrever
Cotidiano
São companheiros de anos
Na solidão da estrada
A onde... Os campos... Pássaros... A vida
Não necessita mais nada.

A solidão... Não solitário
E o sorrir de si mesma
E compreender que você
Tem motivos para querer
Amar e se refazer
Dos tombos e dos cansaços
Que todos nós iremos ter.

E meus amigos de fato
Os atropelos repentinos
Desenfreado palavreado
Guardados dentro da mente
Apenas fervilham ideias
Que são as próprias sementes.

É um viver conturbado
Agitado... Convulsivo
Que te faz raciocinar
Como somos indefinidos.

O QUE SERÁ QUE SENTIU?

Absorta em pensamentos
Caminhando sentindo o vento
Bater na face cansada
Diria... Chamando a vida
Que está a passar na estrada

O que será que se viu?
O que será que sentiu?

Talvez... Um nó na garganta
Engasgue com próprio pranto
Que grita, deixa prosseguir!
Ou cale! Deixe aqui no canto.

Um passo... Depois outro passo
Sucessivos movimentos
Onde foi parar o tempo
Que nunca cruza aqui?
Talvez eu já tenha partido
Ou eu não esteja... Ali

O que será que se viu?
O que será que sentiu?

Talvez... Um vazio no peito
O caos que alma abriga
Um gesto desesperado
Para conter tanta ira
Ou simplesmente a dor
Querendo o ser amado?

SEMPRE SUA!

O amanhecer trás consigo
O forte aroma do corpo
Que exalado... Lá longe
Vem provocar meus pecados
Recuerdos que eu não tive
A imaginação acoplou
Me diz que é de você
O cheiro que aqui chegou

Penetra na pele... Na carne
Vibrações... E tentações
Desperta volúpias quietas
A tona das emoções

O corpo exala odor
O corpo se insinua
A pele toca sua pele
Sente total... Toda nua
Respiração ofegante
Sabendo que somos unos
E eu serei sempre sua!

AMO-TE!

Amo-te absurdamente
Incompreensivelmente
Inexplicavelmente
Amo-te.
Pablo Neruda

Amo-te com o caos que domina as vísceras
Que corrói os pensamentos
As dores! Todos lamentos
Inacreditavelmente
Amo-te.

Amo-te com a força avassaladora
Das tempestades surgidas
Repentinamente... Absurdamente
Sentidas.
Dilacerando-me o ventre
Amo-te.

Amo-te... Simplesmente
Sem explicações
Sem noção do ou lugar
Amo-te e quero amar
Queimando a carne que arde
Sabendo... Será seu abate
Deixa-se alimentar
Amo-te.

Feito a prece inocente
Como a candura presente
Delicadeza emanada
A fome depois de saciada
Amo-te!

DIVINO!

Divino és! Ao olhar a amplidão do universo
A expandir com sucesso. Seus ensinamentos comuns
Mas isso... Não é para qualquer um
Cruza... Olha... Observa e sente o cheiro da relva
Que a cada amanhecer... Te trás augúrios ...Bom dia
E vale a pena viver.

Divino seja... Teu pranto... Regar as sementeiras
Que de alguma maneira vai brotar no corte profundo do arado
Pois a vida ao te machucar... Está apenas ensinar
O jeito..Tuas maneiras ..Que deves voltar a andar

Bendito seja a lição, sabendo de antemão que vais rejeitar a vida.
Vociferar... E sangrar... Até o passar dos dias e ver o cicatrizar
Sentirás o renascer, feito com detalhes no esculpir momentâneo
O novo ser que ressurge, debaixo do polimento.

Divino és! Sorria! Olhe o Universo
Veja a beleza nascendo no horizonte... Querendo
Te abraçar novamente..
Pois és a velha semente
Na aurora resplandecendo.

REFLETIR!

Ah Poeta... Tantas verdades contidas
Num simples versos jogados
Gritando reflexões
Para quem estiver do teu lado
Ouvir os ensinamentos da vida
Num longo e eterno legado.

Como é difícil fazer... Ensinar
Refletir...
Talvez fosse melhor... Ter-te como ar
Para respirar tantas coisas
Como a simplicidade... Perdoar e amar.

Mas quem sou eu... Uma aprendiz
Que escreve... E tenta aos poucos
Viver e se achar... E sabe apenas sentir
Ensina-me a versejar
Um pouco do teu refletir.

ÉBANO.

Ébano que encanta
Fascina
Menina de ontem
Atravessou o tempo
Trazendo consigo
A força guerreira
Ancestrais que nas veias
Carregas o orgulho
Da cor que emanas

São tantas belezas
De forma que chamas
A quem te reprime
Obriga te olhar
Te deixa notar
Todo encantamento
Do Ébano puro
Que corre no plasma
Que faz delirar.

AGASALHO!

Quando pensares
Direito
E extrair do teu peito
As mágoas... As dores
E teus lamentos
Irás encontrar-me
Aqui.
A esperar o seu tempo.

Quando cruzares a estrada
Fingindo que não sentes nada
Que és o dono do mundo
Ainda estarei aqui
A contar os teus segundos

Quando o cansaço vergar
Com o peso das tuas escolhas
Lembra
Que ainda estarei aqui
A contar os teus momentos
De vontades e arrependimentos
Que te usurpara por ai

Quando não tiver mais nada
Apenas sobrar retalhos
Do pobre velho espantalho
Vem... Porque estarei aqui
A te esperar com agasalho!

MISCIGENAÇÃO!

Tens os pés machucados
Do vai e vem do trabalho
Ninguém nota!
Ninguém vê
Que triste sina é essa
Que está enraizada
Em você?

Serão teus ancestrais que habitam
Teu ser?
Ou a força guerreira
Que luta... Através dos tempos
Com a garra que existe em você?
Que força estranha é essa?
Em que momento cruzou
Teu sangue com o meu
O jambo que tu me deste
Talvez tenha sido
A herança mais bela
Que na minha alma
Renasceu.

Negro! Ébano ou jambo
Pouco importa!
És a miscigenação
És a própria nação africana
Que em teu corpo
Renasce e emana!

RUMOS DA VIDA!

Caminho sem rumo certo
Com o olhar disperso
Vendo rostos frios e rígidos
Me pergunto?
Onde foi parar o sorriso
Aquele brilho do olhar
Os gestos tão carinhosos
Palavras que falam de amar?

Caminho e nada sinto
Nem vejo
Nesse labirinto que ando
Perdida a pensar
Par onde foi a alegria?
A beleza?
A fantasia?
A criança que sozinha
Dentro d'alma moro quieta
Está dormindo?
Desperta!

Vejo o findar dos sentimentos
Apenas em breves momentos
Parece que vai voltar... Retorna ao confinamento
Querendo dizer ao tempo
Não posso! Não devo... Sorrir mais não!
Comestes a minha esperança
Agora nem as lembranças
Fazem parte desse chão.

Não! Não! Não vou desistir de mim!
Não quero ficar assim!
Morta de alma e vida
Construo as minhas saídas
Sou cria da natureza
No ventre fui acolhida!

CHUVA MANSA!

Gotículas que brincam disformes
Ao cair continuamente
Faz um viajar na mente
A retornar a infância
Desperta a minha criança
Descalça a pular contigo
Nas poças brincas molhando
A barra do meu vestido

Saudades tão vivas em mim
Que o tempo não apagou
No continuado cair
Carregas apesar do tempo
Nesse eterno fluir

Estranhas que brinque assim?
Estou e estarei junto contigo
No continuado seguir
Dê que valeria existir
Senão pudesse correr
No lamaçal e nas poças
Brincando, alegrar o viver?

Tens a magia nostálgica
Que ao bater na pele
Sentes os gestos
Daqueles que te ignoram
Ou outros que te repele

O som que agora me brindas
Num gotejar repetido
Estas comigo abraçada
Com o molhado vestido!

MEU ESPELHO!

Ando... Pelas esquinas da vida
Ruelas... Labirintos... Perdida
Num vai e vem sem querer
Quisera poder saber
O que nos faz inconstantes
Que às vezes seguimos adiante
E retornamos depois
Parecem coisas sem nexo.
Que em contrastes com a vida
Reflete apenas... Reflexo

Desvio na escuridão
Fico de soslaio na noite
Penumbra demonstra ao longe
Figuras imaginárias
Que se desenham no asfalto
Gritando e demonstrando
Inúteis que somos nós
Somos o próprio reflexo
Dos monstros nossos algozes.

RAÍZES!

Na amplitude que vago
Sem ter direção ou lugar
Tentando sorver belezas
Da vida a me ensinar
Que vale sorrir do nada
Do que sofrer e chorar.

São solidões que enaltecem
A alma em regozijo
Parece que buscas as mãos
Como a dizer... Vem comigo.

Os pensamentos libertos
Do obscuro pensar
Mergulha na limpidez
Desse Universo vida
Quer aprender a amar

Me deixe vagar a esmo
Sorvendo o que ensinas
Perdi meu tempo menina
Hoje mulher quer viver
Porque não vale sofrer
Senão lapidou o querer.

Largue... As mágoas
Brilhe as suas cicatrizes
Mostre sem medo
A força
Das tuas próprias raízes

CASULO DE ILUSÃO!

Perdoa se volto a procura
Por que abandonas
E voltas
Te aconchegas e vais
Não ouves?
Escuta meus gritos
Que hoje te amo demais!

Apenas vislumbro as sombras
Como a desenhar tua imagem
Desnuda os olhos tão secos
A marejar a miragem

Retornas te peço... Amor
Agasalha o peito vazio
Não deixes que as mágoas
Me mate.
Aquece... Estou com frio.

A silhueta e tua
A mente ja redesenhou
Não importa se é ilusão
A alma já te encontrou.
Vais morar aqui no ventre
No casulo que germinou!

TEMPO E O PÓ!

És entre a poeira e o tempo
Pedaços deixados de mim
Cortas as vísceras da alma
Para chegar até o fim
Abandonada... Andarilha
A cata de restos mortais
Vislumbra por suas sombras
O que não volta jamais

Perdeu-se! Dilacerou-se com o tempo
A pó reduzida está. Quem disse
Que o redemoinho não pode te afogar?
Talvez... seja a insegurança
Retrada entre versos
Mas deixastes bem amostra
Quão vazio é teu reverso.

Olhas... A estrada vazia
O silêncio perambulando
Parece que está chamando
Prossigas na caminhada
Porque o pó e a estrada
O tempo... Faz parte da retirada.

NOVO OLHAR!

Descobrimos ao olhar com atenção
Os gestos... O olhar... As mãos
Denota o que não se fala
Como a gritar com a alma
Fecha a boca! Te cala!

Sentimos o desencadear de emoções
As próprias contradições
Escritas no desafogo
Gritando venha de pressa
Pois necessito... Socorro

Mas isso... Está descrito
Num fundo daquele olhar
Que tenta subjugar com a maestria
Que engana
Para não ter que mostrar
Toda mentira... Da cama

Ah! As reações demonstradas
Os vazios na ânsia a procurar
Disfarces que necessitam
De alguma coisa buscar
Para sufocar na alma
A inutilidade do estar.

Vaga o olhar a procura
Misterioso horizonte
Quem sabe encontre guarida
No nascedouro da fonte.

LAÇOS

És o e reflexo do meu anexo
Nos versos és o reverso
Em gestos descomedidos
Me negas o teu amplexo
Sabendo que estou no âmago
És um retrato sem nexo.

Citas! Descreves... Não sentes
Vivências que desconheces
O envolver do côncavo
Às vezes até esqueces
Na tua crueza dos atos
Da euforia de fato.

Ah! Se pudesse te dar
Um pouco dessa essência
Onde o emaranhado
Sentimentos envolventes
Que grita por seu espaço.
Me deixe acreditar
Que estamos envolto em laços.

SEM LAMENTOS!

Não se lamente... Não sofra
Redime suas culpas
Deixe ecoar a vida, como a correnteza
Límpida... Fresca a matar sua sede
Sacia seus desejos... Sorva num beijo
O acalento da vida a te oferecer
Quero crer... Que aos poucos se esvai
A mágoa... A dor
Derrube a muralha... Abra a porta
E grite! Venha... Amor!

PERSONAGEM DO OLHAR.

Pelo alpendre do olhar
Vislumbro imagens ocultas
Que de soslaio espreita
As ruelas que circundas
Mostrando a face escondida
Que por detrás se vislumbra

Encanta-me o que lá está
Porque não deixa mostrar-se?
Será que o receio de ver
O quão desnudo se encontra
Que não adianta esconder
È nítida a imagem pronta.

Em detalhes se apresenta
Posso sentir o olfato
Tem cheiro de suor salgado
Odor que acaricia e vicia
Desejos de sentir-se amado

Alpendre fecha a janelas
Vai levar bem junto dela
O que descobriu na mostragem
Apenas sorri faceira
Feliz com seu personagem!

ALMA DORIDA!

Inconstante alma
Que nos flagelos da vida
Aprendeu achar guarida
Nas sombras do seu casulo

Inconstante ser
Que ao sofrer se redime
Para poder renascer
No expiar os seus crimes

Como ousas! Dizer que sabes?
Pois o sangrar foi doído
Talvez... Imagines o doer
Mas nunca terás sentido.

Afoga-te nesse palavrório erudito
Mostra o avesso... Quão perdido
Habita as tuas vísceras
No lamaçal... Pervertido!

REVOAR DO CONDOR!

Onde me levam os passos? O que procuras afinal?
Sou restos de um longo tempo
Sou marca de temporal
Que se abateu sem ter dó
Do velho e bom anormal

Serei... Quiçá lembrada?
Talvez... Creio que não!
Vais lembrar que existi
Quando o olhar cansado
E o senhor do tempo
Te fizer lembrado

Gargalhadas ouvirás... Compreenderás?
Impoluto... Impenetrável
Sei que permanecerás
És aquilo que rejeito
Quero o que tens no peito
Aprisionado... Trancado
Escravo dos teus defeitos.
Nunca compreenderás
As sutilezas... Essências
De onde germina o amor
Que nasce através do tempo
Num consolo de dor
Ou sem perceber... No olhar
Revoar do Condor!

GERMINAR!

Filtro com o olhar as minúcias
Que escondidas refletem
As causas dos atropelos
Que a humanidade padece

Parecem... Querer romper
Com as muralhas que ataca
Mas sabe que nada disso
Vai lhe arrancar essa placa

No manejar cuidadoso
Para não machucar ainda mais
O toque minucioso
Lhe deixe débil incapaz

Como recompor essa vida?
Como curar as feridas
Que sangram continuamente?
Creio... Que devo semear sementes
Num germinar... Permanente!

ESTRANHOS SENTIMENTOS!

Bates nas portas da alma
Gritando... pedindo socorro
E no alvoroço da hora
Os braços abrem... Te acolho

Esqueço os atropelos
Esqueço mágoas e dores
Esqueço que rejeitaste
Os beijos... E meus amores

Estranhos são sentimentos
Que mal comparando ao parir
Que as dores sufocam em gritos
Para a alegria surgir.

Magia Universal
Apagando os sentidos
Que o feio que ali havia
Resplandece no infinito
Que estranhos são sentimentos!

TUA DESDITA!

A perfeição dos atos a representar a vida
Encontra ruelas e becos a procurar as saídas
Pois sabe que não achará um pouco de Paz... Nem guarida
Que triste viver é esse... Que triste é teu rastejar
Que mentes ao representar, amores nunca sentidos,
Pois sabe que o verdadeiro...
Há muito já foi vencido
Voltas! Por favor... Retornas ao teu principio
Tiras as máscaras que te adorna
Fazes da vida sentido... Não deixa que o fim eminente
Te deixe de caos revestido
Busca nas forças do universo... Nos Deuses que acreditas
Te salva com esse amor que hoje é tua desdita!

SENSIBILIDADE DE AMAR

Estranho são meus pensares
Em certos momentos da vida
Observando olhares
Que não me deixam saída
De reconhecer que carregas
Tanta maldade escondida.

A ira... O ódio... Acumulado
Deixam marcas registradas
Num sibilar magoado
Ao proferir as sentenças
Num pré-julgamento citado.

Lamento... Mas eu não creio
Em defesas do bem.
Carregadas de revolta
O amor só abre portas
Não provoca aversão
Te digo de coração
Que essa crente acredita
No olhar de amor guardado
Naquele que te olha e fita.

Pregação não acredito
Pois pregadores são vários
Tantos que hoje... A pobre humanidade
Caminha no seu calvário
Por ouvir palavras fortes
Ecoadas de Sul a Norte
Arrastando inocentes
Para o caminho da morte!

Portanto... Quando vieres a mim
Olha-me no fundo do olhar
Quero sentir a beleza
Da Paz a te admirar
Porque só entende o que cito
A sensibilidade de amar!

ACORRENTADOS!

Somos acorrentados
A tantos sentimentos
A própria liberdade
Confusão no discernimento
Que nunca soubemos explicar
O que somos no momento

Excessiva liberdade
Aprisionada no ser
Que nunca lhe deixe colher
O que o outrem quer dar
Porque o seguir adiante
É muito mais fácil que amar.

Sentimentos adversos
De uma poeta perdida
Que busca explicações
Para os encarcerados
Da vida.

Somos presos á nos mesmos
Na nau que vaguei em nós
Somos nosso próprio algoz
Que venda o olhar da verdade
Somos a falsa modéstia
Da dura realidade.

Renegamos... Excluímos
Mentimos para viver
Fingimos saber de tudo
Estamos aqui para aprender!

ADSTRITO!

Contraído
Coadunado
Controlado

Fez-se junto
Apertado
Nesse peito
Abandonado

Dói a dor
De ser unido
De contíguo
Parecido

Eram dois
Agora um
Imbricado
Já não dá
Para separar

E assim
Deu-se a união
Eram dois
Hoje um só
Coração!

CONVERSOS!

Sabe aquele momento
De sair... Buscar um tempo
Ver a vida se chegar?
Como a pedir licença
Pois agora é sua hora
Já não tem porque chorar.

Largou trapos... Os andrajos
Prateleiras arejadas
Já não tem mais pó
Não sobrou nada.

Jogou fora velharias
Se limpou das patifarias
Lavou todo as cicatrizes
Revestiu de ousadia.
Quem diria?

Abriu as janelas trancadas
Deixou as portas abertas
Deixou a alma tão livre
A revoar sobre as frestas

O Sol brincou de espantar
A escuridão que havia
Deixou sementes brotar
Naquela alma que um dia
Que só amor lhe pedia!

Raios de luz serenados
Como orvalho deitado
ConVersos sonhou e amou
Seus sonhos realizados!

SOU A POESIA!

Sou teu jogo preferido
O teu ar te revestindo
Tua pele que incendeia
Nesse louco labirinto

Sou a fonte borbulhando
Água fresca a esperar
Que néctar dos teus desejos
Venha logo saciar

Sou pecado que tu queres
No palavreado doce
Pois de doce é palavras
Pois tu sabes... Nunca fostes

Sou quem devora inteiro
Amplidão que me consome
Bebo o suor que escorre sempre
A balbuciar teu nome

Sou o nada! Sou alheia.
Sou teus instintos mais loucos
Que arrepia serpenteia
Sou o que explode aos poucos.

Sou quem olha... Sentencia!
Vais viver a minha a margem
Deitado na pedra fria
Vou agarrar-te agora
Para dar vida a poesia!

OLHAR... OLHAR!

O teu olhar... desnuda
E lê por entre as curvas do corpo
O sangue que corre louco
Acelerando o compasso.

Seguindo o calor do olhar
Como se fosse um abraço
Enlaça e dança... Solta
A rodopiar sem sentido.

Apenas sente o roçar
Do corpo e do vestido
O olhar faz cantoria
No doce do infinito.

O frenesi envolvente
Suave... Às vezes quente
Daquele olhar que comanda
A algazarra d'alma
.

PEDAÇOS!

Estilhaços que me sobram
De dores e sofrimentos
Molambo que arrasta dores
De mágoas e de lamentos.

Decora com cicatrizes
O que sobrou dessa guerra
São desilusões são deslizes
Que deixarei nessa terra.

São restos de um casulo
Que o tempo está coroendo
E a dor que esta doendo
Agora estou devolvendo

ALGUMAS FORMAS DE AMOR.

Não é que seja lírico
Quixotesco
Romântico trovador

É que para falar de amor
Tem que ser de forma ampla
Sem apartes... Sem lugares
Infinito é o lugar.

Veja só! Quantas maneiras
De amor a vida inteira
Usou... E não reparou.

Tem amor feito promessa
Tem amor feito esperança
Tem amor feito bonança
Tem amor feito criança.

Tem amor que nos ampara
Tem amor que abriga e cura
Tem amor que alimenta
Tem amor feito candura.

Tem amor que nos socorre
Tem amor que nos magoa
Tem amor que faz chorar
Tem amor que não quer amar.
Tem amor feito suor da pele
Que brota sem se querer
Tem amor que vive em nós
Tem amor que não quer se ter

Tem amor... Muito amor
Que simplesmente amamos
Que o que interessa é viver
Não importa se esta por perto
O certo... É deixar viver!

Tem amor! Muitos amores
Para colher na imensidão
Não importa de que maneira
Basta!
Ser amor... De coração!

ALIMENTO!

Sublevação
Desvario
Angústia
E alvoroço

Ah! Moço!
Entenda!
Compreenda!
Não sei amar
Por metades

Sou fonte
Que sacia
A fome
De quem dela
Se alimenta
Entenda.

Brota amor
Suor
Desejos
Regalias
Só de beijos

A consumição
D'alma
Em completo desassossego
Vem morar junto regalo
Da fonte dos meus afagos
Me deixe te alimentar!

TEATRO DA VIDA!

Olho-te na plenitude do Eu
Perdoe por não ser teu
Os versos que às vezes faço
É que me causa embaraço
Falar tão abertamente
De coisas que a gente sente
E vive a brincar no repente

O cotidiano inventa
Peripécias... Brincadeiras
Joga-nos de qualquer maneira
Nesse teatro de vida

Às vezes eu sou atriz
Outras eu sou plateia
E nesse representar
Vivemos nessa colmeia

Ora é você outras sou eu
Nos revezamos no palco
E dependendo da hora
Tomo conta do ato

Nunca sei qual é o enredo
Tem momentos de alegrias
De dores e fantasias
De mentiras e verdades
Mas nada que doa mais
Do representar da falsidade.

Sei da dor... Sei do horror
Mas também das recompensas
Quando sinuosamente
Tu te chegas meu amor.

O perdão é a recompensa
Que devolve a calmaria
Cerra-se as cortinas do teatro
Do amor e da fantasia!

ALMA ANDEJA!

O fremido que provocas com o luzir que flameja
Reluz a alma andeja dos antepassados mortais
Que agora não voltam mais.A esse horizonte selvagem
Que o tempo apesar da idade resguarda como lembrança
Para que essa nova criatura não usurpar seu lugar.

Mundo desconhecido que habita e consome
Mostra os mistérios da alma... Se contrapondo aos desejos
Lamentos... gritos... Que vejo num simples olhar que me fita
Dizendo... Moça bonita vem saciar com seus beijos

Me deixe vagar a esmo como a procurar meu lugar
Talvez encontre morada nas asas de alguma ave, ou copa a balançar
Ouvir do amanhecer as juras de amor infindo que no decorrer dos ponteiros
Te deixe ainda mais perdida.

Quando a noite chegar... Com promessas e carinhos
Tu ouviras meus lamentos no gorjear dos passarinhos
A despedir-se do dia que lhe encantou de promessas
Que agora nada mais resta... Senão descansar em seu ninho.

QUISERA!

Quisera ter a certeza da imensidão que encanta
Onde o corpo repousa as suas aspirações
Talhados nas suas faces como a pedir que lhe tome
Ou deixe morrer aos poucos... No chão das suas emoções

Quisera poder possuir... Mas devo é prosseguir
A onde as incertezas repousam com suas armas
Grifadas de raras belezas... Embora pode não ser
As suas grandes certezas.

Inconcebíveis desejos... Lampejos devassidão
A alma e o coração unidos num só pensamento
Onde o discernimento mora apenas na mente
E nunca na emoção.

Quisera! Quisera ser diferente... Poder andar entre a gente
Sem sentimento algum... E ser apenas mais um que passou
Deixou saudades... E voltar a andar sozinha... Sorrindo de felicidade
Quisera... É um antigo querer que perpetuou meu viver.
Agora irá comigo até a eternidade.

REFLETIU?

O que está acontecendo?
Vivendo?
Ou morrendo?
Abandonando os resquícios
dos vícios adquiridos
No tempo?

Talvez seja hora
De olhar-se
Ver o reflexo
O que diz o espelho
Nas marcas deixadas
No rosto cansado
Que foi ousado
Hoje olha... Parado

Não sabe o que falar
A não ser pensar e lembrar
Das peripécias
Das agressões
Emoções jogadas no tempo
Refletidas
No sorriso que aflora
Reflexos da memória

Refletir... Pensar...
Aprendeu?
Discernir seus sentimentos
Ser você em frente ao espelho
Que agora é seu!

TEUS RECADOS!

Não importa que não leia
seus recados
seus desejos
os seus beijos

Eles dizem as verdades
Que me nego revelar
São mentiras escondidas
Revestidas de carícias
seus instintos saciar

Eis o que sinto
quando a pele
encosta na minha
arrepia
te amava
tu fingias
eram apenas
seus desejos
saciados que sorvia.

O recuo dos instintos
muitas vezes sinto medo
dos arroubos
aflorados deixa amostra
Teus recados.

ALMA EXPOSTA!

O amor quando se chega, manhosamente agregando
Já vem pronto para talhar... Salientar a sua Luz
Com gestos tão delicados aos poucos nos transformando
Está a nos lapidar.

Veste a sua maneira... Com detalhes tão sutis
Aos poucos vai retirando a fortaleza que cobre
As formas tão pueris
Que deixa a alma exposta... Nua com minúcias tão nobre

Ah! Mas o amor também parte... Sai sem se despedir
Sem lamentar... Sem perguntas. Acabou o seu polir
Agora é a hora... Partir
Só esqueceu que vestiu... Agora terá que despir.

O polimento talhado naquela pele bonita... Acendeu a Luz aflita
Daquele olhar apaixonado... Que chora desesperado
O extrair suas vestes... Sabendo que é de amor que sua alma padece
As juras que foram proferidas... Hoje... Marcou sua vida
Transformou a lapidação... Em gestos de construção

A fortaleza erguida... uma etapa vencida
Não leve a sério a poeta
É que uma alma inquieta que quando escreve padece
Apenas uma alma exposta que ao se encontrar se veste!

ALMA INQUIETA!

Alma inquieta... Rodeia
Vaga silenciosa nas sombras
Observando calada... A teia!

Alma! Alma! Sossega!
Não nega!
Os teus desejos

Mata a fome de beijos
No limiar da janela
Vislumbra o teu molejo!

Alma! Alma! Sossega!
Não nega!
Aceita caricias que faço
Enlaça com frenesi
Faz-me morrer em teus braços!

POESIA VIDA MINHA!

Poesia que escorrega
Entre braços... Entre as pernas
Nesse lamaçal de dor
Poesia que redime
Que enxuga toda lágrima
Que exprime tanto amor!

Poesia! Vida minha!
Nessa hora maculada
Não me deixe abandonada
Poesia seja minha!

Poesia! Eu te chamo!
Vem para mim ouve meu canto
De sofrer por te querer
Poesia! Não me deixe
Porque eu serei um beija flor
A voar com teu amor!

ALMA LIVRE!

A alma quando liberta..Voa feito ave solta
Não tem limites, barreiras. Voa o horizonte
Segue sua sina faceira... A se esgueirar ribanceira
Para descobrir o que quer... Atrás das cordilheiras

Voa feito pluma leve... Como quem se desconhece
E não sabe onde vai dar... Dissimula seus olhares
Cuida... Frutos dos pomares... Pois tem que se alimentar
E assim com liberdade... Não se esconde da maldade
Que existe em todo lugar.

Voa alma! Voa pássaro! Pois os dois são companheiros
Descobrindo quem se esconde... Rastejando... Corre em fuga
Mas por quê? Se aqui mora... O porquê se esconde agora
O que esconde afinal?

É porque, se reconhece os predadores da peste
A ave é do animal! E a alma é pela própria veste
Por isso voa alma libertina! Corre pelas colinas
Com ares de proprietária... Nessa amplidão que revoas
As janelas que invades... Jamais te proibirás que voes.

DESCOBRINDO SENTIMENTOS!

Como descobrir sentimentos? Como mostrar-se real?
Como ser afinal. No emaranhado momento?
A onde os sentimentos escorrem como correnteza
E descem os fatos, as fortalezas
Como a dizer... Eis os traços da sua própria destreza

Rabiscos perfeitos... Firmeza no tom de voz
Como a provar que precisa se impor perante a nós
Como entender? Se te vejo nos reflexos! Nos desejos.
As fraquezas que balanças e colocas a couraça .
São disfarces tão perfeitos que embarga a própria voz.

Não sei como ser... Não irei questionar... Apenas vou lamentar
Que para mim já e muito. O tempo se encarrega te desenhar suas regras
E cobrar na hora certa... O que deixamos para trás.
Os sentimentos são meus... Sem ponderar verdades
As dores e as maldades... A vida não esquece jamais.

CENTRO D'ALMA!

Moras no centro d'alma
Entre a tempestade e a calma
Vivendo em turbilhões
Universo de emoções.

Desencadeando reversos
Travessas...Traços impresso
Palavras soltas em vão.

Quisera de coração
Poder acalmar-te um dia
Impotente me acho
Viver sem a tua presença
Sei que morreria!

SINGULAR!

Singular entre os plurais
Perfeito! Único! Intocado
Mundo impenetrado
Desejo incontestado

Argumentado... Escrito
Redigido. Requintado palavreado
Bagunçado. Demonstrado
Num simples palavreado
Incauto... Caos que sou

Estagnado... Mesmo assim vou
Nunca sei... Conseguirei
Singular entre os plurais
Esta sempre a me guiar.

Uno! Incomparável
Autêntico! Sem par
Simplesmente
Extraordinário singular!

TE SINTO!

Te sinto feito a vertente
Na mente...
A brotar...
Correnteza alvoroçada
Desce...
No colo...
Fúria louca...
Insana boca...

Te sinto...
Nas vértebras
Visceral...
Rugindo ...
Conspira...
Contra mim...
Não seja assim

Golpeia... Alheia
Deixa arrastar
Vai tomar...
O calor espalha
Tua força...
Quer ficar...

Lipotimia...
Nada sei...
Quero ter...
Que fazer?...

Estás em mim...
Não sabia...
Que podia...
Ser assim...
É difícil deixar...
Tenho é que despertar!

ALMA AUSENTE!

Confusões de sentimentos que voraz me devora
Sem entender o que passa... Entrelaça
Como posso amar e não querer? Como saber?
Feridas doem... Curá-las... Nunca... Apenas param de doer
Estão amostras... Não mexer.

Sabes?... As dores têm em comum apenas o doer
Machucados são diferentes... Uns cortam... Outros nem tanto
O sangrar... Estancar... Às vezes prossegue num intenso latejar
Deixe gotejar... Ameniza a dor
Sorrisos magoados... Alegrias soluçadas
Gemidos entre risadas... Riste dores
Debochadas... Ironia despachada
Enviadas por mensagens desvairadas

Como as dores são harmoniosas
Dói a alma e o casulo aceita
Sua casa seu poente
Vida minha... Alma ausente!

MEUS DIÁLOGOS COMIGO!

Conversas que tenho comigo
Muitas vezes não consigo
Entender porque sou assim
Um pouco distante de mim
Talvez seja a inquietude
Um pouco da vicissitude
Ou esse amor que é sem fim

Um dia quem sabe aprendo
Um dia quem sabe a vida
Me da uma sacudida
E grita... Até que enfim!

Não sei! Ou se ei?
Talvez não queira aprender
Aos poucos fico a saber
De que matéria sou feita
Um barro mini cromático
Cheio de aberturas e fendas

As frestas bem arejadas
Por onde passa as lições
Um tantinho de emoções
Para não dizer... Total
Sou quase um bicho afinal
Com gesto descomunal.

É... Talvez... Pode ser que aprenda
Vou anotar na minha agenda
Esse diálogo de agora
E deixo a vida correr
Observando lá fora!

DANÇARINA!

Saliente... Debochada
Ouço a risada
Daquela moça festeira
Que com olhar encantava
Dançava para não ver
O que apenas restava

Não queria sofrer mais
Não queria ser donzela
Era ela
Dançarina que encantava a plateia
Apaixonada entregava
A alma para essa odisseia!

Desvendar os seus mistérios
Aquele corpo falava
Mostrava com perfeição
O jeito que ela amava.

Ah! Menina se soubesse
O efeito que causava
Não dançaria sozinha
Escolhia quem amava

VAGANDO NAS ILUSÕES.

O fluido que corre nas veias
É o mesmo que te permeia
Nas horas de tentações
Não busque razões para o fato
Apenas se entregue ao ato
Ato das vibrações

Vais encontrar... a ti mesmo
No caos do teu pensamento
Onde em silêncio tu moras
E deixas a alma ao relento

Vaga nas ilusões
Nas próprias contradições
Nas pregações que acreditas
Calvário de gente proscrita
A cumprir sua desdita!

A vida! Teus ensinamentos me doem
Fazes ver o abandono! O teto a desabar
A buscar o teu conforto... E segues a caminhar
Por isso te peço agora!
Faça o que quiser... Só não me deixe morrer
Sem descobrir o que é amar!

TATEAR!

Tateio entre os lençóis
A procura do teu corpo
Entre o meu
Não consigo nem sentir
Tenho medo
De não ter e nem ouvir.

O porquê não quis?
O porquê deixei?
O porquê abandonei?

Sei... Foi o medo... Os segredos
Escondidos desconhecidos
Que você pensou que não veria
Eu vi! Eu senti! Estava ali

Entre o roçar... Tatear
O suor corria entre eu
E o escondido... Vivido
Pobre criatura... Não notava
Que a mão que tateava
Não tocava... Apenas descobria
A alma que escondia!

Ah! Como fala essa pele
Conta fatos... Atos
Reações contradições
Muitas vezes a ocultar
O que fez sofrer nos dois!

CATANDO MISTÉRIOS!

Cato nas minúcias da vivência
Algum traço perdido
Entre essa tal experiência
Que possa dizer o porquê
Da minha tosca existência.

Não sei onde foi... Que perdi o doce jeito
Talvez algum constrangimento
Tenha tornado cruel à vida judia muito
Esse é o seu papel
De ensinar quem não ouve
O que lhe diz em silêncios
Que a muito tempo já houve.

Não se lamente. Ouço a voz que me diz
Aceite os ensinamentos... A mestra vida
Te ensina
E tu serás sempre aprendiz.

Esse catar permanente
Num frenético andar
Buscando explicações
Para esse eterno amar
Como se faltasse metade
Da alma a se aconchegar.

No emaranhado persigo
A desvendar os mistérios
Catando os meus pedaços
Nesse incógnito ser que habita
Usurpando sensações
Cumprindo sua desdita!

TEU CHÃO!

Sou o teu erro mais sórdido
Perdido no caos do Eu
Sou que tu chamas de breu
Nas madrugadas vazias
Sou a quinquilharia
Jogada num canto qualquer
Sou o secreto desejo
Que te ataca em solfejos
Em madrugadas qualquer.

Não diga! Não rejeite!
Minta! Sufoque o que sente
E venha pegar
Seu brinquedo quando sentires
Desejo!

E a falta que faço pra gente
Conheço as tuas balbúrdias
Conheço o teu destempero
Conheço as dúbias verdades
Que finges acreditar
És o próprio ser que vaga
Que busca se encontrar.

Deixaste te conhecer
Agora é tarde demais
Podes correr na amplidão
E voltarás bem faminto
A te alimentar desse chão!

PEREGRINO.

Visar a amplidão que se mostra
Perguntas que sem respostas
Eu tento em vão compreender
Que viver é uma escola
Que todos irão aprender

Hoje não sei onde vou
Hoje procuro respostas
Hoje me deixo amostra
Hoje eu sei pedaços
Que aqui deixei
Se encontra na amplidão do espaço

Um dia... Quem sabe encontre
Nesse visar meu caminho
Andarilha... Peregrino
Se encontrem novamente
A selar os seus destinos

Caso não for achar
Ó vida!
Me deixe levar
Na longitude do olhar
Tapizar minha estrada
Para o peregrino passar!

GESTOS DA NATUREZA!

Ronco de motores
Buzinas... Gritos
Pare!

É o cotidiano a passar
Na pressa de quem caminha
Sem notar... Sequer a linha
Do horizonte que brilha.

Que triste gente...
Zumbis da própria vivência
Não sabe mais o sentires
E desconhece carências

Está mergulhada no breu
Da sua própria existência
Não ouve... Não vê
Talvez até já não creia
Que o dia de amanhã
Pode trazer alegria
Para essa vida que cruza
Que lhe parece vazia.

Volte a olhar amplidão
O alvorecer luminoso
A passarada que cantam
Deixando um cheiro gostoso
Perfumando o universo
Com gestos tão carinhosos.

ORAÇÃO!

A ilusão é perigo
Que as vezes até faz bem
Acreditamos e ferimos
Aqueles que em tudo creem

O tempo de felicidade
Criado pelo simples fato
De nos olhar com carinho
Nos faz acreditar que é nosso
Porque estamos sozinhos
E quando o passar do tempo
Se chega... Desnuda com a verdade
A dor é aprendizado
Que só vem com tempestade

Mestra vida! Quem diria
Que eu agradeceria
Os ensinamentos que dás
Nunca perdi as forças
Pois tu me tornaste capaz.

Não sei se isso é poema
Muito menos poesia
Sei que toda emoção
Foste tu que germinaste
Em forma de oração.

PENSARES MEUS!

Descortinando pensares que acompanha o olhar
Fico sempre a imaginar... As consequências de atos
Fatos... Que a vida mostra... Para quem se joga nela
Num aprendizado comum... Para depois em silêncio
Fazer seu próprio relato

Difícil a sinceridade... Sempre omitimos alguns
Não digas não é verdade... Nunca serás realmente
Aberto para quem conheças... Sempre terás recolhido
Um fato! Um ato! Um gesto que não devia
A própria vida te ensina... A usar da sabedoria.

Ah! Esse vai e vem cotidiano... Como o passar mais um ano
Ficamos cada vez mais... Emburrecidos com tempo
Que a mostrar face à face o que esculpimos com jeito
Nessa nossa estrada da vida... E nada é tão perfeito

Onde foram parar os arroubos? Onde foram parar Ilusões?
Escolhas que matam vidas... Ceifadas de emoções
Mentiras torpes jogadas num mar de desilusões
Que a natureza te diz... Em meio às contradições.

Passou! E como tudo que passa nos deixa um pouco mais leve
Pobre de quem se revolta... Sem questionar as escolhas
Porque e nesse momento que a vida se torna breve
Labirintos. Descaminhos se dissipam feito bolhas.

POETA!

Meu poeta acordou
Com suas raízes brotando
Florindo pétalas de rosas
Necessitava parir
Creio que irão nascer
Poemas de amores
Loucos
Tantos sonhos
Todos prontos

Exalando seu perfume
Chamando por seus queixumes
Nascidos dentro do eu
Gritando amor... Amar
Pois todo esse amor
É meu!

LEVE SORRISO!

Sorriso no canto da boca
Com a certeza da vida
Aprendeu a dar guarida
Nos abandonos que teve
Duras penas já passadas
Que sorri
Quase por nada
Da sobrevivência dos fatos

Que sorriso estranho esse
Que sorri do próprio ato
Talvez seja o velho tempo
Que tudo ensina a nós
Pois ele é o algoz
Que faz muitas vezes aprender
Que se não for pra valer
Não vale a pena viver.

Sorriso baila solto
Pela paz que lhe abriga
Diria à "Doce Vita"
Eu lhe venci sem querer
Porque não basta sofrer
Tem que passar e sobreviver.

Sabe que amou e ama
Sabe que não sofrerá
Sabe que aqui está
Para aprender com alguns
O prosseguir... Sem machucar!

SUTILEZAS.

O que busco nem eu sei
Misterioso sentimento
Que brota aqui de dentro
Como a gritar por socorro
Com a força que o vento tem

Rodopia nas entranhas
Sinto as vísceras contorcer
As dores... Enormes... Tamanhas
Que não consigo dizer
Como a romper com barreiras
Desse meu triste viver.

Não deixe! Sonhar... Grita a voz
Agitando o plasma quente
Circulando a queimar
As veias dessa vivente
Que já estaria morta
Se não fosse a fonte viva
Que lhe devora vorazmente

Que fonte é essa? Que brotar é esse?
Límpida fonte desconhecida
Abrigada no seu Eu
Dando-lhe... Certeza e vida.

Casulo... Casa... Aconchego
Habita seu interior
Nascente de Luz e Cor
Jorrando o lírico versejar
Deixando livre o amar

Resplandece manancial
Mostra o âmago que habitas
E deixa essa flor bonita
Brotar quando lhe convier
Que os sóis do seu interior
Tragam beleza e amor
Resgatando sutilezas
Tristezas abandonadas
Extraídas das raízes
Extractar impurezas
Essência do próprio amor!

SEXTO SENTIDO!

Gosto desse cheiro que exalas
Do amor correspondido
Desperta... Fome de beijos
Feito animal ferido
Que busca a sua cura
Nos braços do amor vencido

Desliza na pele morna... A gota do suor
Que brinca
Correndo por suas curvas
E vem gotejar junto as minhas
É uma mistura de gostos
Sabores que se definha

Vai morrer entre os lençóis
Entre as pernas... Coxas, braços
Integrado junto ao corpo
Nesse imenso embaraço
Como a possuir o instante
Sorvida entre os amassos.

Somos um só... Nesse universo
Perdido.
Sou o teu som
Tua voz
Sou a loucura o sentido
Sou teu desejo escondido
Sussurra ao teu ouvido
Sou o que odeias e queres
Sou o teu sexto sentido!

ESCRITA ANTIGA!

Folhando o dicionário para respostas de mim
Não encontrei adjetivos nem mesmo advérbios
Que transparecesse meu fim
Coisa triste essa figura... Rasura de uma escrita
Deixada numa folha velha de amassada sumiu
Foi tocada pelo vento... Ninguém sabe... Ninguém viu.

Talvez .. Perdida nas entrelinhas das frases
Vírgulas... Interrogações... Pontos finais
Vida breve... Vida louca... Vida vazia... Nada pouca
Apaga... E recomeça... Sem medos... Talvez sem pressa
Volte ao sentido da essência... Agora ! Não subestime
Seja seu doce pecado... Num escrever debochado
Para encontrar seus anseios... Num velho papel dobrado
Onde você se esqueceu... Que um dia foi usado.

A vírgula deixada... Errada... Parece eu nessa estrada
Sem saber onde ficar... Paro aqui?
Ou sigo adiante na frase descrita agora
Apago ou deixo ali?

TEXTO BEM REDIGIDO!

A criação humanidade de Sábios e Gran senhores
Deveria ser banido por desconhecer o que dizem
Sem respeitar as raízes de onde não deveriam sair
Parece querer arguir com tamanha seriedade
Esquecendo da verdade do simplesmente... Existir

Aprendemos com o tempo... Jamais nascemos sabendo
Estou a dizer a mim mesma..Não pense que falo aos outros
Falo a mim! Criatura enclausurada nessa busca... Tosca estrada
Que não aprendeu ainda que sapiência se aprende depois de uma longa jornada

Quando me pego... Lendo textos de formas tão bem redigidos
Parece que ouço gritos de um outro ser escondido
Que ao se mostrar reflete o caos que já foi vivido
Lamento... Por ser assim... Ao reparar... Ao notar. Peço que me perdoe
Quem sou eu afinal... A apontar seus defeitos... Se somos todos iguais?

Humanidade dividida... De mãos e braços amputados
Estão a julgar os outros... Não sabem...Pois não entendem
O que é ser amparado
Só vai sentir o que digo... Quando não tiver abrigo e seus sonhos jogados
Verá que falácias... São apenas palavras que nunca foram sentidas
Apenas foram descritas... Em textos bem redigidos

SEMEADURA!

Olho o nada e vejo que os meus quereres inúteis
O sangrar que alimentamos... Por dizer... Ainda te amo
Na esperança que um dia a vida te traga de volta...Enfim
Talvez entendesse o porquê que tu sorrias

Se sofreu com despedidas... Não lamentou a partida
Não pediu para ficar... Apenas deixou levar com a liberdade
Que veio...
Hoje apenas só olha... Numa certeza tão plena
Que já não fazes parte das promessas do enleio

Tempestade anunciada... Para um solo tão árido
Necessitava sangrar... necessitava arar
Para sementes de vida... Novamente semear
Agora com o germinar... Olho a beleza escondida
Novamente aflorar.

VENTANIA!

A ventania lá fora
Sacode o arvoredo
Às vezes o próprio medo
Faz correr e abrigar

Como se ele quisesse
A minha alma levar
Num revoar de ilusões
Perdida deixa voar

Vai com a ventania
A descobrir horizontes
Olha lá atrás dos montes
O que a amplidão me reserva
Nas asas da imaginação
O Sol apenas te espera
A colorir os teus sonhos
Em doces e belas quimeras

Revoa... Montada em redemoinhos
A poeira te encontre
Vai bagunçar o teu ninho
Mas sei que tu és carente
E vais buscar meus carinhos

O vento é um bambolê
Rodeando tua cintura
Rodopia... Rodopia
Escondendo os encantos
Dessa nobre criatura

MINHA REALIDADE.

Amanheci em devaneios
Permeando pensamentos
Dividindo estes seres
Que me habita os viveres

Em conversas contraditórias
Muitas vezes tão sem nexo
Que procura achar uns versos
Para dar vazão de mim

Discussões acaloradas
Muitas... Muitas.
Pouca estrada
Já não da para parar
Vou buscar outro argumento
Que possa te alimentar

De repente ouço a voz
De quem já passou por tanto
Que sofreu... Esvaiu em pranto
Hoje vazia segue a esmo
Parece tanto comigo
Por isso falo... Comigo mesmo

Quando vão chegar num consenso?
Prestem atenção no que dizem!
Não se machuque em palavras
Pode ser que nessa estrada
Juntas vamos caminhar.

Amo minhas divisões
Todas essas alterações
Me fazem ver os meus erros
Não acumulo enganos
Abraço... Vou despertar
Ta na hora da verdade
Realidade enfrentar!

BAGÉ RS.

JANELAS CERRADAS!

Tenho tão pouco tempo para aprender
Com que vejo... Olho... Sinto desejos
Ímpetos de abrir portas! Janelas ... Todas elas
Que trancadas entrevejo os lampejos
De olhares desesperados... Todos presos
Incrustados... Naquelas casas antigas.
Que as novas seguem os passos dos costumes
Provinciano.
Abalou meus sentimentos que parei.
Olhei para o tempo e escrevi apressada
O que na mente surgia
Olhando belas fachadas das casas de alvenaria
E sem pensar escrevi... Um verso que assim dizia
"Olhando casas antigas
De sombrias aparências
Guardam secretos segredos
Fechados em suas janelas
Como querendo dizer
Morrerás sepultado nelas"

SEMENTEIRA!

Inesperados momentos
De dores e constrangimentos
Passaram pelos ponteiros
Ponteiros... Esse do tempo
E hoje o Sol resplandece
Curando mágoas de quem
Padece
No anonimato viver

Parece querer dizer
Eu sou teu guia na vida
Aquilo que germinei
Tu és o que eu deixei
Par aflorar novamente

Sementes de amor guardadas
Hoje depositadas
Na vastidão do universo
Para que ao nascer
Todos irão saber
Que a vida sem ter amor
Não vale a pena viver

IMPROVISO!

Improviso da hora
Que nos pega de surpresa
Sem querer nos deixa pasmo
Sem saber o que dizer
São sentimentos adversos
Em versos a proceder

Balbucia... Atrapalha as palavras
Atropela pensamentos
Mas apenas é o momento
Do improvisado falar
Que às vezes aflora a mente
Num borbulhar se mostrar

Tantas coisas a dizer
Que caladas permanecem
Quase que digo o que penso
Graças a Deus que esquece
Porque a verdade senhores
Nem todos a reconhece.

O improviso são asas
Que a imaginação as liberta
Pode voar sem destino
E retornar sem ter pressa
O final e o repente
Que o improviso não sente

ESCONDIDO

Ah! Como te sinto
Em meu ser
Como é difícil
Querer
Que na alma
Se esconde

Quero gritar
O teu nome
Embargo a voz
E sussurro
Sai quase
Como um gemido
Não é mais grito
É um urro.

Dilacerante sentido
Dilacerante gemido
Corrói as vísceras
Do âmago
Sangrando se faz
Presente
Sabendo que voltarás

Não deixe! A dor
Te matar.
Cura com teu amor
Despe as vestes do tempo
Cubra-te com calor
Renova o fulgor
D'alma
Mata-me somente
De amor!

VERDADEIRO AMOR!

Dores são como o bater das horas
Compassadas e contínuas
Dói com um tanger continuado
Com acentuada corrente
Parece que quer dizer
Viverei nesse bater
Para ficar a teu lado

Tem dores de amor sofrido
Tem dores de amor permanente
Tem dor que continuamente
É o próprio amor a vertente
Mas se é dor de amor
Não é amor tão somente

Amor não maltrata nem dói
Amor é o que nos constrói
Amor é feito de sonhos
De imaginação aflorada
Amor é amor somente
Que o resto não vale nada!

Ah Amor! Que nos arrebóis
Resplandece
Vens tapizar o meu mundo
Que o falso amor embrutece
Acarinhar com jeitinho
O verdadeiro amor
Que mereces!

NÁUFRAGO! 105

Sois a nau que atravessa
Náufrago sem perguntar
Rouba os sentidos d'alma
Mortalha a me enrolar
Pois sei... Que nesse mergulho
Serei eu... Que vou afogar

Mas quero perder-me assim
Para descobrir amanhãs
Quero provar os sabores
Dos teus lábios sonhadores
Vermelhos como a romã

Mata-me! Sacia-me!
Não deixe que os desejos
Fiquem insatisfeitos
Mergulhe nesse labirinto
Repouse nesses momentos.

Coragem... Furtivamente
Se mostre.
Deixe livres suas vontades
Nada surpreenderá
Porque antes de matar-me
Sorrindo te aniquilará.

Os embates são ferrenhos
O náufrago e a correnteza
Deixando se carregar
Num afogar de beleza
Se esqueceu que o naúfrago
È filho da natureza!

ESCULTURA DO TEMPO.

Inesperado momento
Sem dor... Sem constrangimento
Rompeu as ordens do tempo
E se apossou sem lamentos

Justificou o porquê
Queria fazer-se entender
Que amor feito ventania
Matava sem judiaria
Saciava e depois partia.

Assim arrebatou....E se foi
Não lamentou... Nem chorou
Apenas olhava as marcas
Que aquele amor lhe deixou

Quem agora lhe fitava
Estranhava.
O sorriso aflorado
A rapidez do falar
A perspicácia do olhar
Os gestos tão delicados

Sabia... Que ali estava
A escultura do tempo
Moldada nos seus detalhes
De um amor feito ao vento
Que foi feito tempestade
Que bagunçou dentro ao peito.

FRAQUEZAS DA POESIA!

Minhas fraquezas ao ver-te
Assusta e arrepia
Contradizendo o bom senso
Vai nascer na poesia

Ali..Pode amar-te tão livre
Que o papel silencia
Apenas ouve calado
Sussurros que balbucia

Desliza freneticamente
A mão a jorrar os seus versos
Tocando a pele das letras
Te faz traduzir os reversos

Escondes... Voluptuosamente
Delírios... Desejos perversos
A subjugar a poeta
Numa lamuria dispersa

O inverso do adverso
E o caos que te consome
Labaredas de palavras
A desenhar-te excruciante

Das mãos... Jorra lentamente
Um gotejar delirante
Narrando reflexos semelhantes
Poesia alucinante!

SABOR SALGADO

Suor que brinca em teu corpo
Desperta os desejos mais loucos
Vontades desconhecidas
De devorar-te aos poucos
Sentir o sabor salgado
Que escorre por tua boca

Volúpia libidinosa
Frenesi delirante
Estremecer agitado
Do corpo... Ali ofegante

Deslumbrante saciar
Entre beijos e carícias
As gotas brincando solta
No vai e vem da malícia
Para morrer delicada
Na fonte onde quer
Caricias.

SIMPLESMENTE AMOR!

Amor que transborda
Atravessa o Universo
Pousa leve
Em meus versos
Pois não tem morada
Certa
Mora no finito do infinito
Onde amar tudo é mais bonito

Amor... Amor... Cantado
Trovado... Rimado
Sentido... Vivido
Das dores do mundo
Só tu tens curado

Magia que encanta
Transforma
Liberta a alma
Transporta
Num idílico eterno
De querer e se ter

Ah! Amor quem és tu?
De onde vens?
Onde nasceu ?
Quem te criou?
Quem te feriu?
Porque não paras?
Vives a esmo
Num perambular
Eterno amar e amar

Amor... Sei que não és meu
Apenas amo.
Transbordo
O que me deu!

ÉS PERFUME DE FLOR!

Te chegas na brisa fresca
Que nos amanheceres
Me abraça
Te chegas feito Beija flor
A despertar os sorrisos
Iluminando-me de amor

Na suavidade do dia
No passar das horas
No canto da Cotovia
Aqui onde você mora

És o alvorecer dos meus sóis
És a alegria da vida
És o sorriso saudoso
Em cada nossa despedida

És! Simplesmente és!
O tudo que abrange meu ser
És o meu devoto querer
Nas tardes de primavera
És minha louca jornada
No amor que reverbera

És o meu tudo... E nada
O Caos que prolifera
Quando somes
E fico na longa espera
Queria que aqui ficasse
Ah! Quem me dera.

É o que tenho de mais bonito
Iluminado amor
Que a Psique te pertence
Feito perfume de flor.

CRIAR!

Crio-te para que alimentes
Os meus desejos insanos
Mergulhados no abandono
Desconhecido viver

Busco além do meu ser
A criatura encantada
Criada na minha mente
Que envolve o meu querer
Com criaturas pungentes

São tantas que já criei
Inventei! Nasceu de mim!
Incessante busco afim
O teu amor renascente

Nasce! Morre! Reinvento
Crio amor nesse momento
A saciar as vontades
Caminhos que eu me perco
Para te encontrar de verdade

Onde foi? Como foi?
Eu não sei!
Em mim brotou
Feito águas cristalinas
Abordou e carregou!

QUEM SOU?

Quem sou? Às vezes pergunto
Nesse conturbado interior
Diria... Vivo de amor
A realidade contesta
Viver nesse mundo louco
Mostrado por entre frestas

Perdida nos descaminhos
O caos... As tempestades
Avisam... Que a alma irá chover
Descambará aguaceiro
Dos olhos irá verter

Deixe assim um voz me diz
Deve ser algum habitante
Desses que vivem em meu ser
Que devagar me acalma
Com palavras do saber

Por que tenho tantas vidas?
É um mundo diferente
Sorrisos e questionamentos
É pleno constantemente.

Não me pergunte quem sou!
Nem mesmo a aonde vou
Apenas questione o que digo
Sem medo de ser ferido
Olhe para dentro de si
És parecido comigo?
Marilena De Azevedo

O COLORIDO SUAVE

Do horizonte... Lá longe
Reflete no interior
Viagens do pensamento
A despertar sentimentos
Que acomodados no peito
Desperta por alguns momentos.

Onde foi parar o amor?
Onde foi parar os sonhos
Que cavalgava tranquilo
Na verdejante campina?
Seriam sonhos de menina
Guardados com essa mulher?

Talvez sim! Talvez o acaso
Das cores que se apresenta
Despertou e se alimenta
Desse reboliço causado
Por despertar o amor
Em tanto tempo guardado.
Sacuda a poeira..Abra todas as janelas
As portas... Deixa a luz bater nas prateleiras
Olhe! Veja! Como é bonito
O que deixou para trás... Só porque chorou e sofreu
Não quis lembrar... Nunca mais?

É apenas as lições... Que a velha mestra ensina
Ou você aceita e aprende... Ou apanhará doce menina
Te da tudo que precisas... A escolha será tua
Se não souber comandar... Sangrarás por muitas luas

Areje os velhos guardados como alfarrábios sagrados
Às vezes precisamos rever o que aprendemos com o tempo
Para não esquecer que a vida passa logo... E pode nos deixar
Ao relento

DESPEDIDA!

Quero morrer sem sentir
Feito o nevoeiro
Pouco a pouco se desfaz
No passar das horas volta
O Céu azul a brilhar

Quero ver o brilho forte
Calor que queima a pele
A luz que ofusca o olhar
A pálpebra a cerrar
O circular do suor
A deslizar na epiderme
Provocando arrepios
Mesmo que seja... Breve

Lentamente.
Vagarosamente
Tenuemente
Como sair
De uma cena
Despedida
Colorida
Da vida
Para eternamente

SURPREENDA!

Surpreenda... Mostre os erros
Desculpe-se... Seja humano
Tire da face o pano
Que cobre as artimanhas
Clausuras de sua alma
A sacrificar suas manhas
Como a lapidar o seu ego
Fissura após fissura

Quando a epiderme
Ficar
Em suavidade total
Está na hora de usar
A suavidade da alma
Canduras... Delicadezas
Olhar com mais pureza
Descortinando a Luz
A derramar a beleza
Sinta a natureza
Te abraçando em leveza

Surpreenda! Não coloque
Nomes estranhos
A tantos erros tamanhos
Pelas escolhas malfeitas
Aceite que somos tolos
Corrigindo o que está feito
Esquece a somos humanos
Por Deus não somos perfeitos!

LENDO DECLARAÇÕES DE AMO

Leio e releio
Declarações de amor
Feitas com eloquência
Como se mata de amor

E o tempo... Esse Senhor
Que corrói
Nos mostra como é que dói
As cicatrizes deixadas
Por que no passar das horas
Foi só lembranças mais nada

Desfez-se aquele amor?
Morreu?
Ou simplesmente partiu?
Ou foi você que esqueceu
De alimentar e saiu?

Ah! Tempo... Me ajude entender
Direito
Como um amor tão grande
Aos poucos desfaz com o tempo
É por falta de carinho?
Atenção?
Talvez jeitinho?
Ou apenas a rotina
Que cansou e segue sozinha?
Quantas declarações já ouvi
Quantas mentiras vivi
Quantas verdades escondidas
De amores que não esqueci!

LENÇÓIS DE AMOR!

Parceiro das realizações mundanas
Desejos insaciáveis... Deposto entre lençóis
Realizações em minha cama
É tudo nosso! Somos nós!

Estradas percorridas na rima
Das linhas do corpo... Tocadas
Sinuosamente despertada
Com carícias ousadas
Maciez dos lábios deixada

Com suavidade sugada
Sussurros entre o arfar e o suspirar
Vem buscar seus sonhos insanos
Nas madrugadas amar.

Voa! Toca! Viaja
Nesse labirinto perdido
Te sinto.
O calor! O ardor... Do beijo
Do cheiro... Deixados
Em lençóis de amor!

FINGIMENTO!

Momentos feitos de agora
O mundo a correr lá fora
A ventania tocando
Num galopa sem demora
Parece querer dizer
Acorda! A vida é agora.

Num frenesi... Frenético
Tremores... Agitação
Ao pulsar sangue nas veias
Acelera o coração
Batendo contra a vida
Gritando... Volte à razão.

O agora... Quer respostas
O agora..; Sofre tanto
O agora... Te maltrata
O agora... Enxuga o pranto

Nem o agora... Nem o momento
Passou feito labareda
Deixando rastros de cinzas
De um amargo arrependimento

Foi agora! Nesse exato momento!
Não tenho constrangimento
De dizer amei demais.
O resto foi fingimento!

.

ESCOLHAS.

Ousado e estarrecedor
As turbulências que assola
São as torturas de amor
Que dentro do peito mora

Redemoinhos que a alma
Tenta sufocar nas entranhas
Que nada! Sentimentos são mais fortes
Gritos que lhe arranha
Dores de prazer intenso
Deixando amostra sentires
Revestidos controversos
Feito em pensamentos
Em outro corpo reverso

Satisfações tão ousadas
A demonstrar as carências
Fonte de suas saudades
Escolhas da existência!

REMENDOS.

Remendos costurados com jeito
Combinando com desenho
Recortados pelo tempo
Colocados lado a lado
Redesenhando lembranças
Ali! Na tela da vida...
Mostrados.

Estranhas cores... Combinam
Deixa um colorido especial
Mostrando que nada pode
Nos separar do igual
Porque mais dia menos dia
Teremos um ponto final.

Estará pronta a tela
Cicatrizadas em alto relevo
Mostrando toda gravura
Tocar? Isso não devo!

Talvez sentirei as dores
Do costurar permanente
Talvez seja subsequente
As combinações dispostas
Talvez só haja perguntas
E muito poucas respostas

AUGÚRIOS DO DESPERTAR

Aos poucos o despertar
Acontece
E a criança que padece
Vê renascer novamente
Os sonhos resplandecentes
Nas bolas tão coloridas
Em novos laços de fita
Que brincam no galho seco
A despertar quem lhe fita.

Assim a fantasia
De um raiar novo dia
Abrindo portas! Janelas!
Para espantar todo mal
É a estação? Ou nascer?
Pois breve... Será Natal!

Que venha trazendo Luz!
Com almas tão coloridas
Resgatando velhos sonhos
Cicatrizando feridas
E a criança desperta
Augúrios pra nova vida!

ALMA INQUIETA!

Inquieta e rebelde alma... sofre as intempéries
Que o pobre casulo sofre com os alvoroços que agita
Quisera ser calmaria... não essa destemperança
O corpo não aguenta os laços da pobre alma aflita.

Nasceu a correr tão solta... Como da leveza
Andar de doce princesa... Com um sorriso felina
Menina... E velha senhora... Com porte de rara beleza
Voa livre captando o que o Universo ensina.

Por que voas com leveza? O que escondes de nós
A tua pródiga natureza?
Ou queres aprisionar o tempo! O Sol e o ar
Num abraçar sigiloso a desafiar quem te quer
Por saber que és perigoso?

Desvenda os teus mistérios... Revela as tuas vontades
Te mostra feito a realidade... No labirinto que habitas
Te faz de moça bonita... Para ter tua liberdade
Sabendo que nada aprisiona uma mente que reflita.

Desatinada... Insensata... Indomável... Insubmissa
Como te tirar a razão? Se és feita de emoção
Do mais sublime sentir... Que deixa se possuir
Para viver feito o vento a correr nos descampados
Ou dentro de algum peito.

DOIS DESCONHECIDOS!

Desacata-me com sutileza entre as sombras da noite
Procuras o breu... E te escondes... A espreitar tua presa
Sabes que nos irá devorar... Isso é quase certeza
Parceiros da mesma vontade... A se alimentar com franqueza

A onde nos encontramos? A quem desafiamos?
São os nossos instintos a prova... Num silencioso espreitar
Parece a procurar... Qualquer deslize que faça
Na sutileza do olhar... Np tremor da própria mão
Num gesto... Imperceptível... Na língua a molhar o lábio
No brilho ocluso no olho... No escorrer do suor
É o êxtase do jogo... A espera do chegar

Como sabes que sou eu? Como sei quando és tu?
Pressinto... Sinto no ar... No exalar que se chega
Beijo em outras demonstrando o que queria
Vazio não preenchido do caos da metade sua
Que vaga perambulando nas esquinas de alguma rua

É o nosso vagar silencioso... A espera do encontro
Vamos devorar pouco a pouco... Os nossos deleites
Mais loucos
Te Juro! E sabes que nunca Jamais fora poucos!
Esse é o segredo secreto de dois iguais que perdidos
Vivendo a esmo tão solto num mundo desconhecido!

AH! QUEM ME DERA

Ah! Quem me dera que fosse você
O lindo do amanhecer com suas nuances de cores
O seu olhar que vislumbra o lindo... O belo.. .Os amores
Ah! Quem me dera!
O pássaro que voa livre num voar harmonioso
Assoviando gostoso... O som da vida no ar
Ah! Quem me dera olhar... E ver tudo diferente
O Sol que nasce pra gente... Aquecendo nossas almas
Abrindo os braços com calma... Para aquecer nossas mágoas
Ah! Quem me dera!.

Ah! Quem me dera viver... O amor que tu cantas em versos
O deliciar com reverso... Do avesso que tu escondes
Queria ser por um tempo... O teu sorriso mais belo
E ser o teu próprio elo... Que alimenta meus dias
Perdoe o egoísmo... Ah! Quem me dera... Ser tu Poesia!

POESIA PRESENTE!

O Sol! Os sonhos... A vida
Se encontra em qualquer saída
De amanheceres de Sóis
Embora sejamos nós
Que damos tempero a vida
Ela com sua magia
Se organiza e espera.

Hoje... Tu és todos nós
A transbordar sementeira
A semear poesia
Nos sulcos abertos do tempo
Criados a revelia.

Brotar se faz urgente
O brotar está presente
O germinar necessário
Para curar cicatrizes
Na reza do relicário

Ontem... O hoje ou amanhã
Tu sempre estarás aqui
No espalhar as sementes
Somos a parte de ti
Poesia! Tu estarás presente.

ALUSÃO!

Alusão pressupõe
Que saibas o que me refiro
Se já fiz menção... Não nego
Por isso... Até me retiro

Retiro das linhas travessas
E nessas vazias te deixo
Um dia... Talvez eu relembre
As marcas penduradas nas frestas.

A citação repentina
Foi o balançar da cortina
Dançando suavemente
Tocada pela corrente

Pressupõe que seja o vento
Que a deixe tão fagueira
A despertar-me ligeira
Lembranças tão corriqueiras

Alusão é a citação
Que permeia as lembranças
Ou será que é a sentença
Dessa epígrafe... Esperança?

Nesse conversar sigiloso
Quieto... Às vezes manhoso
Como a gritar por socorro
No lagrimar do olhar

Não se ouve! Nem se sente
O escorrer permanente
Banhando a face querida
Como se fosse vertente
Para aliviar as feridas.

Diálogo prolongado
Diálogo apaixonado
Que ao sorver suas gotas
O sal ressaca a boca
Batizando seu sofrer

Ah! Amor doce pecado
Porque o chorar sufocado?
Vieste para amparar
Agora estas a chorar
Por não poder suportar.

Te aquieta! Soluça!
Sufoca! Transborda
Que a alma vaii se acalmar
Sabe que não pode alcançar!

DESCONEXA

Desconexa
Distraída
Faço pouco
Dessa vida

Que não vê
O perceber
Que triste
É a partida

Talvez... Sei lá
Desalentos
Costumeiros
Fez-se dono
Desordeiros.

Distraída
Apagada
Segue só
Só ela
E a estrada

Desatenta
Isolada
Sabe tudo
Vê no nada
Pelo caos
E habitada

ÁPICE DA ALMA!

Estranho pensar
Tem a alma
Que esconde secretos
Anseios

Desfruta
E foge
Dos enleios
Que ela mesma procura
Rasura
De sentimentos
Que esconde
Das criaturas

Estranha alma
Vagueia
Em noites de Lua cheia
A assombrar que lhe ousa
Os seus encantos roubar

Parece querer chamar
Entre a escuridão
Do arvoredo
Querendo despertar
O medo
O medo de se entregar

Sombras riscando
O céu do pensar
Vultos cruzando na mente
Acelerando vertente
Desejos de se entregar.

Alma inóspita
Sem aceitar
O jugo
Perambulando
Rasteja
Ápice está amando

APRENDER.

Foi um suspiro aliviado
Deixando um rastro de pó
Sentiu-se apenas dó
Daquele andarilho tosco
Pobre moço

Observava o andar
Cambaleante trotar
Feito animal sem destino
Pobre... Louco peregrino
Que da vida nada sabe

Apenas conhece o alarde
Os sons de velhos zunidos
Porque não ouve direito
Acostumou os sentidos

Reclamas de quê?
Criatura
O que te faz pensar assim?
Ninguém é dono de nada
Não justifique seus fins.

Pobre moço... Quem diria
Vai cruzar sem aprender
Que há momentos na vida
Que temos que padecer
A rebeldia que é sua
A vida fará perder!

COISAS DA MENTE!

Eu me reservo o direito de carregar em meu peito
As dores... Mágoas amores... Qualquer forma de sofrimento
De alguma maneira ou jeito todos irão sentir
Não queira dizer que não! Enganas teu coração
Na forma do teu sorrir.

Abre a porta do peito e conta esse caos direito
Mente para todos nós... Quem de vós não sentiu dores?
Quem não chorou por amores... Quem não perdeu e sofreu?
Não fale o que não sabe apenas por omissão
São coisas da emoção que carregamos guardado
Que talvez de alguma forma... Sairá para ser lembrado.

As minhas hoje... Afloraram... Nem mesmo eu sei Por quê
Talvez para lembrar de você... De suas fantasias de alma
Onde o Universo que abrigas não tem respostas nem calma
Porque as suas andanças aprendeu... Que amar é apenas momentos
E finges arrependimento de errar e magoar.

É triste o lamentar... Talvez seja o dia e a hora
Eu tenha que me retirar... Mas antes daqui sair
Quero lembrar um porém... Tivesses tudo eu sei
Mas eu... Nunca fui tua! Na tua mente fiquei!

TRISTE MISTÉRIO!

Sorvo em êxtase esse desconhecido habitante
Em noites vagando solto... Vigia na nebulosidade
Criatura desconhecida que vive no caos d'alma
Só ouço os seus sussurros em noites de Lua clara

Misteriosa figura... Sombras se multiplica
A delinear silhuetas... Dançando por entre sombras
Na vastidão do universo
Interpondo imaginação e o real
Nas entrelinhas do verso

Abandono e busco. Sem sentido reconheço
Nada importa! Não tem preço
Desconexo pensamento
Que acha os seus encantos nas sombras dos arvoredos.

Ataraxia. Busca sempre o epicurismo
Pois é seu dom de viver
Obscuro brilhantismo
Acredita que encanta.
Nesse triste verbalismo

PONTO FINAL!

Mergulho nos meus pensares
Sem julgar. Querendo apenas entender
O que me resta saber nesse cotidiano... Afinal?
São tantos tão desiguais.
Que as perguntas são tantas que sufocando me acho
E sem respostas me encontro
Naufragada... Absorta nesse mundo... só resmungo
Falo baixo.

Olho em volta... nada vejo!
A não ser gente apressada
Raivosas... Indesejadas
Sorrisos falsos expostos
Mãos que acariciam de forma errada.

Encruzilhadas... Ruelas entrelaçadas
Num vai e vem sem sentido
Pedindo a morte de forma tão desejada
Maltrapilha..Segue a esmo moribunda
Gente caos... Eu não sei se tento a sorte
Ou ponho um ponto final!

TU E O MAR!

Serena alma. Aonde vais?
Que buscas?
Estas tão longe do cais
Acaso perdeu seu rumo?
Ou busca um algo mais?

Acaso perdeste o rumo
Deixe que mostre o caminho
Não faça besteira alguma
Senão ficarás sozinha.

Ouça... Esse ruído é do mar
É a mãe natureza alerta
Querendo te acalentar
E te trazer para perto
Bem perto do seu amar
Alma serena... Porque aparentas sossego?
O que realmente tens medo?
Tem medo de se machucar?
Quem sabe voltar a amar... Com a intensidade
De outrora?
Porque o antigo amor foi embora
Jurastes não mais amar?

Depõe as armas te peço.
E olhes no fundo do olhar
Mergulhe sem ter receios
Descubra a verdade no amor
Cicatrizará tuas feridas
Assim voltarás a reinar.
Nos braços da natureza
Só tu e as ondas do mar!

HABITAR DA POESIA!

Me possuías com ousadia
Sem ter hora nem lugar
Carregas entre teus braços
É a forma de me amar

Não pergunto aonde vou
Pois tu conheces o lugar
É onde a fantasia
Impera no meu altar

A ascensão que me levas
Se sobrepondo a vontades
Mostrando raras belezas
Plena em sua majestade

Quem és tu?
De onde vens?
Te pertenço
E eu não sei!

Nunca sei quando te chegas
Nunca sei hora e lugar
Sei apenas que te amo
Poesia! Habitar!

REDEMOINHO!

Redemoinho
De amores
Relvas
Aromas
E flores

Circundando
Estrada afora
Rodopiando
Em pudores

Brincando
De levantar
As vestes
Dos seus
Senhores.

Rodopia!
Vento
Forte
Brinca
De Sul
A norte
E faz
A andeja
Menina
Se chegar
Em braços
Fortes
Circulando
Circulando

Estradeira
Ventania
Vai buscar
O teu amor
No vento
Da pradaria

Cuidado
Ao passar
Por mim
Que posso
Fazer parar
A brincadeira
Termina
Se não te deixar
Passar!

OLHAR!

O olhar é deprimente
O olhar sacode a gente
Contando suas artimanhas
Fala de maneira clara
Sem subterfúgios
Na voz

Está ali! Está descrito
A seu comportamento
Proscrito
Revelado no olhar
O notar causa espanto
O nó na garganta
O pranto
Rolando vai despencar
Não devia nem deixar
Pousar a retina negra
Suas sombras decifrar.

Conheço a transformação
A causa! A dor... as feridas
Visceral o sofrimento
Marcas tatuadas na alma
Agora habita seu peito

Vive a lutar com suas sombras
Porque o breu está em si
Roendo... Entranhas do eu
Não viverá mais aqui!

Declino o olhar
No horizonte
Em prece peço perdão
Juro de coração
Que o amor ofertado
É apenas uma oração!

ERA UMA VEZ.

Era uma vez
Num canto escondido
Do Eu
Moravam os sonhos meus
Que abrigado resplandecia
Na relva! No Sol! Nas madrugadas
Vazias
Porque ali não havia
Maldades a existir.

Era uma vez..
Como todas as belezas
Necessita lapidação
Pouco a pouco
Esse mundo
Foi ficando habitado
Mais bonito... Enfeitado
De luzes da criação

Era uma vez
Um lugar onde as noites
Se intervalava
Nunca se sabia
Se era noite ou dia
Porque amor não tem hora
Nasce... Cresce na fantasia.

Era uma vez
No arrebol desse Sol
A natureza com sede
Pediu que caísse água
Da doce e suave vertente
Mas ela não entendeu direito
Formou-se uma tempestade
Afogando em soluções
Que o amor louco fugia
Para não sucumbir da maldade

Era uma vez...
Como tantas outras vezes
Nada importa... Não se sabe
Se voltou... Ou se morreu
Sei apenas que recordo
Que esse mundo é meu!
Era uma vez!

VISITA!

O vento bateu suave
Naquela face cansada
Como a dizer..Não foi nada
Sou eu que vim passear

Quisera te acompanhar
Mas corro por muito tempo
Apenas achei um jeito
Maneiras de recordar

Que a leveza que toco
Nesse teu rosto bonito
É apenas um deslize
Que me prendeu teu sorriso

Estou a vagar por ai
Trazendo comigo lembranças
Quem sabe encontre saudades
E refaça esperança?

Perdoe minha liberdade
É que nasci para amar
Não importa o que aconteça
Cedo ou tarde..Irei cruzar!

VELHA POESIA!

Ao falar de poesia
Me pergunto o porquê
A alma chora e lamenta
Canta amores suas dores
Fantasias ou Tristezas
Poesia jorrando vida
Criações da natureza
.
Poesia alivia
Poesia cura dores
Poesia enfeita sonhos
Poesia é fantasia
Realmente poesia
Tu és a plena harmonia
Da bagunça dos meus dias

Poesia eu te aconchego
Nas horas de sofrimento
Só tu sabes das dores
Soluços dos meus lamentos
Mas tu... Não és a culpada
Tu és meu agasalho no tempo

Minha velha poesia
Nossa história é tão antiga
Jornada íngreme com o algoz
Tu jamais me abandonaste
Apenas ouvia tua voz
Sussurros ao pé do ouvido
Nunca estaremos sós

Poesia eu te peço
Quando for chegando meu fim
Venha sibilar nos ouvidos
Os sons dos querubins
Que a Paz e a Gratidão
Faça morada em mim.

FOLHA ESCRITA!

Já parou para observar
O frenesi que escreves?
Notastes que as palavras
Jorra tua alma e padece?

Grita os seus devaneios
Seus sonhos
Suas inquietações
O sangue que borbulha nas letras
Explode as emoções

O fervilhar entre os dedos
Denota a alma aflita
Grita seus desejos
Mais loucos
Labirinto dos teus seios.
Acelerando as mãos
Derrama letras palavras
As frases entrecortadas
Na vida não sobra mais nada

A não ser os sentimentos
Derramados por momentos
Na folha... Como se fosse lençol
A abrigar suas angustias
Na folha... Seu arrebol

MEU SENHOR!

Moras no recôncavo
Do Eu
Onde os mistérios habitam
E enfeitam os dias meus

Ancoradouro singelo
O eu guardo os encantos
Dos teus sorrisos
Mais belos

O residir permanente
Para vislumbrar
Tua presença
A derramar amor
Num sublimar de sentença

Habitante do habitar
Senhor dos encantos
E sonhos
Vive a espalhar emoções
Marcando com rostos risonhos.

Pleno comandante meu
Morada que tu dás a vida
Desconhecido meu rei
Sou tua chegada e partida!

ETERNA CICATRIZ!

Soçobrei no teu olhar
Descortinar teus desejos
Anseios ali encobertos
Escondidos no exterior
Deturpado negro e feio

Encontrei o labirinto
Onde escondias o amor
Que um dia julgou amado
Lhe fez chorar de dor.

Era um amor tão bonito
Amava da cabeça aos pés
Mas como todo final
Nada ficou desta vez
Lhe arrancou suas vísceras
E lhe marcou sua tez.

Foi doído! Foi sofrido!
Marcou-se com cicatriz
Jurou não amar mais ninguém
Apenas fingir de aprendiz

Estranho mundo é esse
Que tentas aprisionar
Não és senhor nem de ti
Morrestes depois de amar
No teu olhar está descrito
O que fostes... E o que és
Sorriso de encantamento
A suportar teus reveses.

AMANHECER DO EU!

Amanheço conversando com meu Eu
Para espantar esse breu
Que a noite costuma deixar
Embora não queira lembrar
A vida te ensina cedo
Que temos que acordar

Como é possível sonhar
No imaginar desses sonhos
Criaturas de rostos medonhos
Que vem para nos assombrar
Deixando um rastro se angustias
Para nós nos acostumar.

A alvorada em luz
Combina com meu olhar
Desejo cores criar
Espantar negros pensares
Iluminar os olhares
No subsistir despertar

Eu! Aprende com essa Luz que amanhece
Nunca esquecer que padeces
Senão souberes entender
Aqui! É nosso chão de lutas
A vida é para aprender!

MISTERIOSA VIVENDA!

O infinito que abrange
O âmago das minhas entranhas
É tamanha
Que o misterioso universo
Abrangente tumultuado
Para compreender
Faço versos.

Embrenhada nesse labirinto
Sinto.
Calafrios... A percorrer minha pele
Ares frios... Mornos... Quentes...
Abrangentes
Que circundam a própria alma
Conflitante se pergunta..
Quem sou eu? Por que da calma?

Mundo desconhecido
Desafiante e sinistro
Mexe com meus anseios
Desnuda os meus desejos
Fuga os meus devaneios.

Quem comanda? Quem desfruta?
Criatura quem és tu?
Nesta vivendo desconhecida
Permaneces embatida
A chocar-se com que és.

Desconheço o que conheço
Como a ver o que guardei
Digo que tudo que vejo
Vejo sim... Mas nada sei

Emblemático versejar
A decifrar as palavras
Versos que contam tudo
Letras que marcam a alma!

ESTILICÍDIO.

Estás vendo esse sangrar
Abundante
Que escorre por entre os dedos
São lágrimas e sofrimentos
Que a alma em algum momento
Deixou-se marcar de dor
Queres saber o que foi?
Tão simplesmente amor.

Copiosamente goteja
Num fulgurante rubor
A cor é rubra tão bela
E as gotas
Faz parte dela
Como orvalho na flor.

E o frenesi... Impetuosidade
Pertence-lhe..
É sua natureza... O vigor
Transvaliada ... tão constante
Que não sei se sigo adiante
Ou deixo sangrar de dor

Estilicídio volumoso
Tão morno e tão copioso
Que se não fosses sentimentos
Te massacrava inteiro
Por seres tão perigoso

VELHA SEMENTE!

Era uma semente sozinha
No velho paiol guardada
Que um dia... Despertou
E ousou
Brotar... Crescer e florir

Era uma semente sozinha
Que germinou sem querer
E hoje vive escondida
A iluminar protegida
O velho paiol da vida!

TEU NOME!

Vazio permanente em tudo
O tudo junto ao caos
O caos que perturba a gente
Naufrago sentimental

Sente o tatear sem saber
A onde o vazio se aloja
O nada brinca tão leve
E quer o caos aqui fora

Tateia... Cambaleante
Nessa escuridão solitária
Vagando no vazio de tudo
Arrastando suas entranhas

Na busca por tudo ou nada
Escolha já foi escrita
Ou tudo será preenchido
Ou o vazio é desdita.

Misteriosos caminhos
Onde o ego responde
Preencha o vazio! O nada
Onde encontro teu nome!

AMAR AMOR!

"Todo amor é bonito, feio é não amar."
Você sabia? É assim
É diferente...
Alimenta...
Adoça...
Perdoa...
Voa...

Amor leve...
Sem ser breve
Sacia...
Cria...

Sabia? Conhecia?
Não! Não... diria
Não tem importância
Só a mim pertencia.

Sem tempo...
Às vezes...
A vida passa
E sem saber
Perdemos...
De ver...

Lamento dizer...
Amor que tenho...
Não tem explicação...
É como todas as canções
Versos dos poetas mais loucos
E não são poucos...

E de tão imenso...
Que a imensidão...
Lhe abraçou...

E revoa no ar...
No mar...
Que a brisa leve...
Beija a tua pele...
E faz sorrir...
A cada porvir...

Desconhecia? Ria!
Saiba que amor...
Tem vários nomes
Só que amor...
É amar o amor!...

AMEI!

Entre metáforas e pleonasmos tento buscar certezas
Para as incertezas da alma que muitas vezes não tem
Porque exagero no ser? Porque finjo não te querer?
Talvez seja quase certeza... Que breve irás me perder

Milênios vivendo a procura... Outros tantos vivendo além
Venho de caminhos dispersos. Na alma um campo aberto
A escrever o que havia. Deixando aos poucos amostra
Da frustração que sentia...
Buscava um amor tão pleno... Em outras e nem nessa existia.

Que raro esse sentimento... Que talvez a mim não pertença
Direito de sentir o transbordar harmonioso
Que transporta... A alma em júbilo...
Para um êxtase de rara beleza...
Metáforas usei naufragando em emoções
Pleonasmos tantas vezes...
Que cansei da redundância...
Que me fiz leve e criança para dizer. Que te amei!

AMIGO DESCONHECIDO!

Ouço o vento frio lá fora
E comparo com você
Fria! Crua! Veste sua
A morrer sem ter porquê.

Como é frio o desengano
O gélido toque humano
Daqueles que padeceram
Sem respirar.Sem pensar
Desistiu! Não quis lutar!

O sorriso frio sem graça
Desenhado no seu rosto
Talhe fundo seu desgosto
Resquícios de amores vulgares
Não compares!

Foi o frio! O vento forte
Que bateu lá na vidraça
Que fez sorrir com candura
Lamentando a tua desgraça.

Hoje sei que não entendes
Hoje sei que não compreendes
Pobre criatura! Hoje apenas é rasura
Do desconhecido que inquietou

Impresso por:

Break Media Print